問題角色剖析全書

創作者必知的人格光譜X犯罪心理X精神疾患

韓民
朴聖美
兪智賢
著

李煥然
譯

有關本書內容

① 本書同時提及「○○人格」與「○○人格障礙」，在描述人格上光譜的特性時使用「○○人格」，涉及病理上症狀時則使用「○○人格障礙」。
② 書籍以《》，影劇作品則以〈〉進行標示。
③ 由於本書會以各種作品為範例來分析角色，因此包含作品的劇透。

前言

只要問題角色的敘述夠扎實，故事就會變得豐富多彩

當前正值大創作的時代，透過〈寄生上流〉、〈魷魚遊戲〉、〈梨泰院Class〉、〈愛的迫降〉等電影、連續劇、網路漫畫以及網路小說等各種媒體，K-Contents獲得了全球人們的喜愛。連續數年來的新冠病毒疫情束縛了人們，卻也促成了Netflix、Disney＋、Apple TV＋等OTT服務的擴張，以及在這些平台上眾多影音內容的製作熱潮。

被製作成電影或連續劇的韓國創作內容，很多都是發跡自網路漫畫或網路小說，NAVER或KAKAO WEBTOON、MUNPIA、NOVELPIA等內容平台也是海內外製作人最關注的目標。在韓國，能讓眾多創作者自由創作和上傳故事的內容平台數量甚至快要比作者還多，創作技巧相關的書籍與課程也非常熱門。

在故事中誕生了許多角色，這些虛構角色就像實際存在的人物一樣吸引著讀者、閱聽

人和觀眾；然而凡嘗試過以小說或劇本創作故事的人，應該都深知製作故事的過程會帶來多大的痛苦，尤其要創作出讓人們產生共鳴又著迷的角色，往往比想像中來得更困難。在迷人角色的性格與主要事件的展開、角色之間的糾葛中，都潛藏著豐富的心理學知識，因此熱愛K-Contents的三位心理學相關工作者才想集思廣益，試圖揭開其中的祕密。

作者們將焦點放在「問題角色」上，因為作者們自身多少也帶有問題角色的特質，而且在創作中沒有比問題角色更重要的存在了。無論是主角還是配角，角色身上的陰影賦予了劇情更深刻的內涵與故事性，用繪畫來比喻的話，就像在單調的色調上添加各種明度和彩度一樣。雖然可能也有人希望看到淡淡柔和色調的故事，但是一層層塗上宛如油畫般豐富的色彩往往更能激發觀眾的情感與想像力。

由此誕生的《問題角色剖析全書》藉由「人格光譜」整理了這些角色設定，人格光譜以《DSM-5》（精神疾病診斷與統計手冊）的人格障礙分類為基礎，但「障礙」（disorder）是對本人或周遭親友的生活產生嚴重且顯著副作用才會做出的診斷，在提及人格類型時使用人格「障礙」這個分類名稱會顯得過於病理化，因此本書選擇使用「光譜」這個詞彙來囊括每個人格的普通面向和優點等正面特質。

一般來說，具適應性的人格在許多面向都會表現出類似的特點。所謂的適應性，指的是在欲望及情感表達等方面善於自我控制，能夠在人際關係中保持友好，主動履行自己的職責，明智地調節與他人的衝突。

大家對這些人的評價大多為人正直、善解人意、親切、謙虛、靈活、處事圓融，他們具備優秀的關係經營能力和業務執行能力，實際上我們遇到的人大部分也是這種類型。換句話說，他們沒有明顯的特徵，沒有明顯的特徵就意味著沒有衝突，或由衝突而生的劇情進展，故事也就缺乏推進的動力。因為我們不是完美的存在，比起虛構的故事，我們的生活更多的是偶然、衝突、挫折與克服，因此在創作虛構故事時，僅憑具適應性的角色往往很難創造出引人入勝的故事。

相較之下，人格光譜從人格障礙的分類衍生而來，每個人格都有其獨特性，這些人格可以賦予故事發展更豐富的內涵，而且由於它不是討論障礙而是人格類型的範圍（光譜），因此可以創作出各式各樣的角色。這些角色無論出於意外還是有意設計，都將在故事中不斷面臨危機，不過最大的危機還是來自於自身。在無意識地填補自身缺陷的過程中，面對危機的問題角色形成了故事的脈絡，牢牢抓住讀者的心。問題角色用自己的方式設定世界與自己的關係，讀者會對問題角色產生同情，在故事中與他們一起經歷困難和挑戰，並為他們的成就感到高興。在這段過程中，讀者從問題角色中看到自己的影子，這就是故事角色獲得生命力的時刻。

本書內容不僅涵蓋人格光譜，也補充了防禦機制與社會對個人產生的影響，從心理學的角度進行解釋。為了方便非心理學專業的創作者理解，還特別根據近期流行的MBTI，按照E－I、S－N、T－F、J－P來對人格光譜加以說明。最後一章是將心理學知識直接應用於建構角色，促進創意的發想，為投入正式的創作鋪路。

雖然三位作者各自活躍於不同領域，而且偏好的故事風格也不盡相同，但是同樣喜歡故事的他們一致認為，在新冠病毒疫情的時代下，故事絕對能夠撫慰人心，所以在經過一系列思考如何對創作者產生幫助的過程後，完成了這本書。

無論透過何種形式，希望本書可以成為創作者的助力，讓充滿魅力的故事得以誕生！

目次

第3章 在感到焦慮的同時產生恐懼

「焦慮煩躁」C型的人格光譜

第4章 防禦機制，操縱人類本能與情感的武器

第7章 為角色注入生命

第 1 章

以自我為中心，自我信念強烈

「自我確信」
A 型的人格光譜

A型人格光譜的獨特性表現在思考方式上，往往給人特立獨行、冒冒失失的感覺，對於經營人際關係沒什麼興趣，生活步調也以自我為中心。這種人格的人特點在於「自我確信」，也就是對自己的信念很強烈。如果是偏執型人格，就是別人會傷害自己的確信；如果是類思覺失調和思覺失調型人格的話，就是對於自己創造的世界所抱持的確信。

偏執型人格

擁有出色的記憶力，心思縝密，特別擅長剪輯，能夠按照自己的想法講述故事，如果再加上豐富的創造力和同理能力，有望能在藝術總監（PD）、影像導演等領域上取得成功。由於對自己的判斷有強烈的信心，所以在人際關係中容易引起摩擦，不過強烈的自我確信也能夠像推土機一樣，達到推動前進的作用。

類思覺失調型人格

想像力豐富，喜歡活在屬於自己的世界，沉浸在獨特的思維裡，開發出常人不會產生的想法。如果結合對於自我表現的渴望，就可能成為藝術家、作家等優秀的創作者。我們周遭意外地有很多這樣的人，因為難以適應職場生活，所以選擇以自由工作者的身分度日。如果再加上偏執型的特質，只要把工作交給他，就會展現出很強的自主性。

思覺失調型人格

到了這個階段，獨特的想像力已經超越時空的界線，沉浸在自己的世界裡，甚至可能反覆出現幻覺或妄想，但如果是在需要這種想像力的領域上，他們往往能夠嶄露頭角，比如說〈異形〉（Alien）的創作者漢斯・吉格爾（Hans Giger）就是這一類型的人物。如果這種人格加上偏執型人格的特質，自我確信可能會朝著宗教性的方向發展，成為像新興宗教教主那樣非常投入宗教的角色。

偏執型人格，復仇的化身「小丑」

具有偏執型（paranoid）人格的角色會不斷懷疑，尋找自身錯誤信念的證據，並且進行報復。就連別人的善意也會被他們解讀成惡意，進而導致衝突，在故事中通常扮演主角或對世界構成威脅的反派。因此，偏執型人格角色的登場會引起緊張和懸疑感，他們扭曲的思維和持續的怨恨，足以讓劇中人物即使再怎麼努力，也無法阻止故事走向毀滅。由於具有偏執型特質的角色會將微小的友善行為解讀為負面訊號（例如看到超市職員笑著向自己打招呼，就以為對方在嘲笑自己），頻繁產生羞辱與輕蔑等負面情緒，長時間對他人懷抱敵意，而且絕對不會輕易放過對方。讀者與觀眾看到主角擊敗他時往往會覺得安心，有時甚至會對反派的勝利感到恐懼。

偏執型人格的目光始終朝外，拒絕內心的自省。如果自己感到痛苦，那絕對是因為有人哪裡做錯了；如果自己成功了，那是因為別人愚蠢，總之錯誤全都在別人身上。創作者通常會透過具有偏執型特質的角色讓主角陷入危機，揭露世界陰暗的一面。

在無止盡的懷疑與執著下不信任他人

疑夫（妻）病、正義魔人、奧客、惡意引戰的酸民，具有偏執型人格的人基本上都缺乏對於他人的信任，認為別人抱持著惡意，想要傷害自己，甚至還會為了強化自己的信念來「編輯」情境和記憶。無止盡的懷疑與執著往往會讓周圍的人感到疲憊，關係很容易陷入僵局。

行為特徵

具有偏執型人格的角色會保持懷疑與警戒、對懷疑的對象進行攻擊和指責，他們通常冷靜、倔強又易怒，自尊心很高卻也很扭曲，認為任何人都不能虧待自己。除此之外，從自己拒絕承認錯誤或弱點這一點來看，也表現出自戀型人格和強迫型人格的特徵。他們不相信他人，會惡意解讀對方的瑣碎行為，並且懷有報復的心理。由於認為他人不可信賴，所以極度抗拒依賴。妄想（被害妄想）是偏執型人格會有的自然結果。

「投射」（projection）是偏執型人格主要的心理防禦機制。「投射」指的是將自己潛意識的欲望或矛盾投映在別人身上，把自己負面的欲望或動機歸咎於他人，藉此合理化對於對方的攻擊。換句話說，他們認為自己不相信他人的原因是因為「其他人都想欺騙自己」。

二〇〇四年在美國上映的電影〈奪魂鋸〉（Saw）第一集，是一部藉著最後幾分鐘內的反轉情節掀起熱議的作品。兩名男人在一個光線不足的陌生空間裡醒來，他們的腳踝被鎖上腳鐐與鐵鍊，中間還躺著一具屍體。他們被迫參與一場生存遊戲，在八個小時內必須殺死對方，否則所有人都將死亡。發起這場生存遊戲的拼圖殺人魔，其實就是在整部電影中一直與那兩個男人在同一個空間裡的屍體。在電影的最後，他才站起身來，解釋為什麼要發起這場生存遊戲，他表示自己是一位癌症末期患者，死亡就近在眼前，然而這兩個男人活著卻不懂得感恩。至於拼圖殺人魔如何成為癌症末期患者、因為癌症而放棄生命的哪些部分，在電影裡並未詳細探討（雖然在後續作品中有描述拼圖殺人魔的其他故事，包含他的過去與未來，但是很難讓人產生共鳴）。從現實的角度來看，他或許有家族病史，也可能是環境因素，但我們可以推測出拼圖殺人魔應該不是會往那方面去想的人，因為他會尋找合適的對象來合理化自己即將因癌症而死去的憤怒，而且還會以自行創造的理由合理化自己的行為，用他人的生命設計遊戲。

雖然他的理由看似煞有其事，但是只要仔細審視，就會發現拼圖殺人魔的邏輯前後矛盾，充滿錯誤與妄想。拼圖殺人魔綁架了那些與自己不同、看起來不珍惜生命的人丟進生存遊戲中，並且將對他們的殺戮合理化為「讓他們明白生命的可貴」。他創造了一種自己能完全掌控的特殊情境，在將他人推向恐懼的同時，他能暫時忘卻自己面臨死亡的恐懼，把自己當成可以決定他人生死的神。比起不斷在外界（他人或社會結構性問題）尋找自己感到痛苦的原因與解決方案，努力做出改變，他更傾向於將焦點放在破壞。我們對電影中拼圖殺人魔自我中心的邏輯並不陌生，因為很多犯罪者都會像他一樣解釋自己的犯罪理由。

為什麼會產生偏執型人格呢？

父母的虐待式教養

如果嬰兒期（〇至二歲）的信任建構出現問題，我們可以推測出原因在於父母（主要照顧者）的虐待式教養。美國心理學者艾瑞克森（E. H. Erikson）將這個階段命名為「信任

vs.不信任」，因為這是新生嬰兒第一次接觸他人（父母），對外界建立信任的時期。

父母滿足孩子的需求，孩子會從父母的態度中學習接受自我與人際關係的技巧。在這個時期，父母以愛為基礎、一貫的教養態度會對幼兒能否帶著信任來感知世界產生莫大的影響。除此之外，父母的虐待式教養也會讓孩子篤信其他人都會傷害自己，畢竟就連把自己生下來的人都會這麼做了，那些連一滴血緣也沒有的外人又怎麼不會呢？

對其他人打從根本上的不信任

偏執型人格的角色打從根本上就不信任其他人，他們處處懷疑別人，總是認為別人想傷害自己，甚至攻擊別人，都是因應這種不信任的行為模式（人格，character）。

虐待式教養會由於他人的無視、攻擊、批判而產生過度敏感的人格，雖然有些人會往逃避的方向發展，不過如果是自尊心較高的人，為了保護自己往往會反過來出現攻擊他人的行為，畢竟俗話說得好：「攻擊就是最好的防禦。」

當偏執型人格變成一種病（disorder）時

▩ 人際關係破裂

為了驗證自己無止盡的猜疑，他們會執著於蒐集證據與追究，讓生活在周遭的人感到疲憊並離去。人際關係的失敗會導致孤立，而孤立又會進一步強化他們自身的信念。

對陰謀論的沉迷

建立自己的假設，再蒐集證據來支持這一假設，並且將其轉化為一種理論。徹底無視其他人對於自己理論的反駁，從根本上阻止外人的幫助或干預。他們很容易陷入投射自身恐懼的陰謀論中，與其他共享偏執信念體系的人形成群體，甚至表現出盲從的行為[1]。

在經歷過嚴重的傷害（創傷）後，為了保護自己，他們也許會變得偏執，或是性格中的偏執特質加劇。如果是強迫型人格障礙的合併症（comorbidity，指的是一個人同時患有一種以上的病症），為了獲得安全感，他們可能會把自己熟悉或值得信賴的物品囤積在居住空間或身邊，表現出「儲物強迫」的行為。

被害妄想

在韓國青瓦臺或光化門廣場等聚集眾人目光的場所，你可能看過一些人高舉雜亂無章的奇怪標語，或懸掛訴求的牌子進行示威抗議，對於他們來說，自己是實際的被害者，主張的荒唐內容是明確的事實，他們也握有自己所謂的證據。他們聲稱政府官員、名人或與自己相關的特定人士具有對自己進行犯罪行為的意圖，還會不擇手段躲避法律追究，自己時時刻刻都受其折磨。除此之外，他們還會打電話或投書到公務機關，或是在論壇上反覆發表怨天尤人的貼文。

這類人可能在重度憂鬱發作（episode，指症狀不持續，週期性反覆出現又好轉的模式）時會出現幻聽、幻覺，或在躁鬱症（bipolar disorder，又稱雙極性情感疾患）[2]發作時做出某種邏輯錯亂的主張，也可能表現為思覺失調症的症狀[3]。

關係妄想

由偏執特質導致的關係妄想引起疑妻病、疑夫病是非常典型的一種案例。近來非法偷拍相關的犯罪層出不窮，因為懷疑女友會背叛，所以為了抓住對方的弱點非法偷拍女友裸體或性愛場面、強迫製作私人色情影片，再擅自散播或與朋友分享這樣的非法攝影作品，甚至透過銷售影片獲取收益。如果加害者同時具有強迫型人格，會對受害者造成極大的身心壓力，很難擺脫這樣的處境。

改編自南茜・普萊斯（Nancy Price）小說的電影〈與敵人共枕〉（*Sleeping with the Enemy*）中，妻子蘿拉（茱莉亞・羅勃茲飾）受到患有疑妻病與潔癖症的丈夫馬丁（派崔克・柏金飾）持續的暴力與折磨而備受煎熬，馬丁表面上稱呼蘿拉為

「公主」，在外人面前假裝關心她，但是實際上他並不尊重妻子作為獨立的個人，而是把她當成自己的所有物對待。蘿拉為了擺脫馬丁，假裝溺水身亡以展開新的生活，但是被馬丁發現並跟蹤。在電影結尾，馬丁對著拿著手槍、全身發抖的蘿拉叫「公主」，表示她永遠擺脫不了自己，蘿拉意識到自己不能再繼續退縮下去，於是下定決心朝馬丁開槍。

偏執型人格的角色設定：憤怒催生復仇的化身

與父母的關係、教養方式

在設定偏執型人格的角色時，父母（主要照顧者）充滿虐待與憤怒的態度是最基本的，抱持強烈憤怒的父母撫養長大的孩子，會將自己與父母同化，把累積起來的憤怒投射到他人身上。在設定角色時，自然需要有父母向孩子表現憤怒的原因，比方說孩子是意外懷孕所生、父母有嚴重挫折或創傷、情緒控管有問題等。

脆弱狀態、衝突因素

由於缺乏基本的信任，人際關係本身就很難建立，即使是那些主動接近自己的人，也會認為對方心懷不軌並展開攻擊。連對主角抱持憐惜與愛戀的人，也會因為主角的偏執行為而受傷或變得不幸。

偏執型人格的角色在實際遭受某種傷害時，即使對方並無惡意，也會對於傷害自己的人產生懷疑，從而進一步強化偏執型人格。

特定情境下的行為

日常：極力堅持確認所有事情

偏執型人格具有普遍的人格特點，在跟別人說明人格概念時，任何人都會產生「啊，我也有認識這樣的人！」的反應，畢竟無論是誰都有不能讓步與妥協的一面，同時也會有觸碰不得的「逆鱗」。他們有一貫的人生原則，偏執性可以理解為在常識、道德和人性方面有所扭曲的人死命抓住某種像「聖經」一樣的東西。

如果說強迫型人格的人是試圖以強行控制「方式」（how）來實現人生目標，那麼偏執型人格從看待世界的「觀點」（perspective）開始就存在錯誤，執著地想要確認自己的觀點是否正確。因此具有偏執性的人，人生往往會陷入一種惡性循環，不斷埋怨他人，持續檢驗自己的猜疑，因為自己的行為受到懲罰，逐漸遭到社會所排斥，從而更加執著地捍衛自己的觀點。

矛盾：人類本來的恐懼與瘋狂

如果說強迫型人格會為了維持自己創造的形象，在雙面生活中受苦受難，那麼偏執型人格將無法逃避自己內心深處可怕、黑暗的聲音而陷入恐懼。雖然兩種人格都是由於創傷而形成現在的模樣，但是比起強迫型人格的黑暗，偏執型人格的黑暗更接近人類本來的恐懼與瘋狂。

與為了某個目標而行動、自我毀滅的強迫型人格不同，偏執型人格處於一種「靈魂受到汙染的狀態」，如果說強迫型人格是在為朝著理想前進而努力，那麼偏執型人格就是為了不被拖到地獄而掙扎。

犯罪：誇張妄想產生的英雄宿敵

偏執型角色違反規則或規範時的經典台詞是「這難道是可以的嗎？」，他們害怕自己內心傳來的聲音會傷害自己，為了阻止這種情況，往往會不擇手段對他人展開攻擊。

這種特質非常適合作為反派（antithesis）登場扮演英雄的宿敵，比如說DC漫畫中蝙蝠俠的宿敵小丑、漫威漫畫中蜘蛛人的死敵綠惡魔都符合這個特點，尤其是小丑和綠惡魔強調的都是他們精神上的不穩定，這點與偏執型人格障礙如出一轍。無論是小丑還是綠惡魔，都對自己的存在意識與打倒宿敵的名分抱持著誇張的妄想。

儘管每個導演和演員在角色的詮釋上有所不同，但是角色對於對手的執念，認為只有自己可以理解對手，所以打倒這個對手的人也只能是自己，在這點上的邏輯通常都相去不遠。提姆・波頓（Tim Burton）導演的〈蝙蝠俠〉（*Batman*）中飾演小丑的傑克・尼克遜（Jack Nicholson）、以及山姆・萊米（Sam Raimi）導演的〈蜘蛛人〉（*Spiderman*）三部曲中飾演綠惡魔的威廉・達佛（Willem Dafoe）都將這個特質詮釋得很好。

與偏執型人格有關的關鍵字

#任何人都不可信 #能相信的只有自己 #GOODOMENS #為什麼就是不相信啊──都給我滾 #無法妥協的反派

類思覺失調型人格，安靜又奇怪的「邊緣人」

安靜而獨特，有時又有點奇怪的類思覺失調型（schizoid）人格有一種特點，那就是缺乏對於親密關係的渴望，因此描繪類思覺失調型人格的角色內心與糾葛是一項具挑戰性的課題，非常考驗故事創作者的功力[4]。

類思覺失調型人格的角色對外界沒什麼興趣，他們在角落裡建立屬於自己的王國並滿足於此，不會試圖吸引別人的注目。他們鮮少從感官或身體的人際關係經驗（比如說黃昏在海邊散步或分享愛的感受等）中獲得樂趣[5]，所以一個人獨處的時間比較多。有些類思覺失調型人格的人物往往能在與世隔絕獨立作業的領域嶄露頭角，像是數學、組裝、電腦程式設計等。

創作者在安排這樣的角色時，需要注意其薄弱到幾乎沒有連結的外部世界（與現實領域的關係、建構得十分豐富的內在世界）與幻想領域的對比。很多創作者與外界隔絕，經常停留在幻想的世界，他們能否從看不見的內心領域中喚醒與自己擁有相似面貌的類思覺失調型人格角色，展示在現實世界的人們眼前呢？

對於人際關係漠不關心

邊緣人（outsider）、御宅族，雖然表面上看起來都是較為內向的性格，但是根據人格類型的不同，內向的成因也有所差異。迴避型人格是由於害怕他人對自己的評價，所以才表現出內向的模樣；類思覺失調型人格則是對於人際關係漠不關心，對於關係的建立不感興趣，缺乏情感表達，因此在社交生活上可能會遇到巨大的困難。

如果情況比較輕微，他們只會盡量不引起旁人的注意，靜靜地投入在自己的興趣上，抑或是喜歡飼養寵物，偏好一個人獨處的生活。但是如果情況比較嚴重，就會面臨情感枯竭，對於人際關係漠不關心，沉浸在過度的幻想中。

這種人格從兒童和青少年時期就會開始出現徵兆，而男性也比女性更容易表現出這種特點。雖然不擅長與人相處，但是在獨立作業上往往能夠嶄露頭角，在面臨龐大壓力時，也可能轉變為思覺失調症。

行為特徵

無精打采、缺乏活力，有時甚至有些懶散；平常容易感到疲勞，說話習慣緩慢而單調；讀不懂別人的情緒，難以集中注意力；自身的情感表達也十分有限且平淡。

因為對於人際關係沒什麼興趣，所以在需要進行社交互動時，只會維持表面上的參與，難以建立親密的關係。他們自認是溫和內向的人，滿足於一個人獨處的生活，對於社會功利或名聲缺乏興趣。

無意識的行為與欲望

由於難以產生情感的認知與共鳴，所以類思覺失調型人格的角色會傾向以非常形式化與乏味的方式來描述自身的經歷或問題，雖然自認理性與務實，但這或許就是情感能力缺陷所導致的結果。

為什麼會產生類思覺失調型人格呢？

類思覺失調型人格的形成和偏執型人格一樣，被認為與缺乏基本信任有關。偏執型人格是由於父母的虐待式教養導致的防禦性（對於他人的懷疑與攻擊）行為模式，類思覺失調型人格則是因為父母漠不關心又冷淡的態度，衍生出對別人不感興趣、難以進行情感交流的人格。

父母的漠不關心或放任不管

具有類思覺失調型人格的人很有可能從小就遭受到父母的拒絕，抑或是未能得到充分的接納。尤其是嬰兒期（〇至二歲），孩子通常會透過與父母（主要照顧者）的眼神或身體接觸來理解和共享父母的情感，進而實現情感的發展，然而如果在這個時期父母對孩子漠不關心或放任不管，導致情感上的匱乏[6]，恐怕就會造成孩子在情感表達與理解上出現困難，自然對於人際關係提不起興趣，偏好沉浸在一個人的世界裡。

匱乏的人際關係與豐富內心世界之間的乖離

由於他們難以理解他人的情感，不擅長處理人際關係，所以比起和那些理解不了的人相處，更傾向於選擇一個人獨處。他們經常在幻想中解決自己遭受挫折的欲望，有時會以獨特又富有創意的藝術天賦表現出來。這種單調匱乏的人際關係與深厚豐富內心世界之間的乖離，就可以用「類思覺失調」來解釋。由於這種自我分裂的特質，他們不確定自己是誰，也不知道自己渴望什麼，讓關係的建立變得更加困難。

他們可能是御宅族，也可能是家裡蹲系列的主角。會成為這些繭居族的原因有兩種：一種是在社會上受到傷害或害怕他人的評價（迴避型），另一種是與類思覺失調型人格一樣，覺得一個人獨處比較輕鬆。

電影〈卡特班克〉（*Cut Bank*）描述兩名男女在美國蒙大拿州的寧靜小鎮「卡特班克」拍攝影片時，偶然目擊鎮上的郵差遭到謀殺的場面。由於郵差的死亡，德比・米爾頓（麥可・斯圖巴飾）收不到預訂的包裹，原本有好一段時間足不出戶隱居在城鎮裡的他，為了拿到包裹開始積極挖掘郵差身亡的真相。透過德比・米爾頓的祕密行動，郵差之死與相關的故事逐漸浮出水面，同時也放大了觀眾心中的疑惑，那就是德比・米爾頓在揭露事件的過程中不惜傷害他人也要拿到的包裹究竟為何。德比・米爾頓的包裹是一個藍色包包的模型，是完成他正在製作人偶的最後一個小配件。與鎮上居民沒有任何互動的他，一直在家裡打造屬於自己的完美家庭，他在電影中從來沒有對遇見的人的情緒表現做出回應，同時他也沒有任何的情緒表現，他唯一關心的只有那個包裹。

當類思覺失調型人格變成一種病時

如果類思覺失調型人格症狀惡化為分裂型人格障礙或思覺失調症，就可能導致妄想症發作。如果類思覺失調型人格的個體因其人格特質持續遭遇問題，就可能被診斷為類思覺失調型人格障礙。類思覺失調型人格障礙有時候會作為妄想症或思覺失調症的初期症狀出現，並且可能伴隨嚴重憂鬱疾患（major depressive disorder，重鬱症、憂鬱症）的發作。最常見併發的人格障礙是類思覺失調型人格、偏執型人格障礙和迴避型人格障礙[7]。

對親密關係與一切社會訊號的排斥

他們從小就在各種型態的關係建立上面臨失敗，長大成人後便對親密關係（包含家人）失去興趣，總渴望獨處。當家中發生問題時，他們可能感到困惑，甚至無動於衷。

缺乏情感表達

他們不僅對別人的情感漠不關心，甚至自己也很難感受到喜悅或憤怒等情感。他們只在乎自己的內心世界，即使受到他人的讚美或批評，也不會產生任何反應。

精神堡壘破壞之時

類思覺失調型人格的角色是從很久以前就存在各類文學中的經典類型，他們可能是在年幼時經歷巨大的衝擊變得沉默寡言，也可能是由於某種獨特的才能成為主角的重要助力，抑或是隱世的高手。在高度專業化分工、碎片化的現代社會中，因為他們極度膽小內向，所以常常被誤解為不樂意與人來往，而他們也不會想要特意解開這樣的誤會。

他們只想平靜地生活在自己設計的宛如城牆般環繞的精神堡壘裡，認為自己不是身邊現實世界的參與者，而是觀察者[8]，所以除非有人試圖侵略或破壞這座堡壘，否則他們大概不會採取太出格的行為。要想讓這類角色採取行動，就必須要有非常戲劇化的事情發生，假設他們有所動搖，就必須在最近或長期以來存在威脅到他們的因素。

就像首爾某大學生向自己的指導教授寄送爆裂物包裹的實際案例一樣，平時完全不會惹事生非的人由於在面臨求職時遭遇挫折，就可能犯下動機看似與結果完全不符的極端行徑。如果他們是某起重大犯罪的目擊者或證人，或許會由於不想影響到自身的平靜而拒絕配合。由於沒能形成良好的社會關係，所以他們往往不會組建家庭，甚至放棄作為家庭的一分子，遭到家人的拋棄，過著無家可歸的生活。

電影〈小鬼當家2〉（*Home Alone 2*）中的白鴿婦人（Pigeon Lady）可以說是

類思覺失調型人格障礙無家可歸的經典角色。由於過去失敗的戀愛經驗，她讓自己與社會隔絕，只與鴿子為伍。凱文起初被白鴿婦人冷漠疏離的態度嚇到，甚至尖叫著逃跑，但凱文是在愛的包圍下長大的開朗孩子，他努力透過充滿陽光的正面態度與白鴿婦人溝通，最終雙方給對方一個「溫暖的擁抱」，做了最親密且富有人情味的交流。

類思覺失調型人格的角色設定：貧乏的情感經驗會不會遺傳？

與父母的關係、教養方式

在設定類思覺失調型人格的角色時，父母形式化又僵硬的態度，以及情感上的冷淡是前提。比如說因為太過忙碌抽不出時間與孩子相處、孩子在眾多兄弟姊妹中排在中間得不到關心、父母本身的情感表達相對匱乏等情況，都有很高的機率使孩子無法從父母那裡獲得情感上的親密。反過來說，由於情感經驗的貧乏，內心世界有更多的時間發展，所以孩子可能從小就沉迷於書籍、漫畫、卡通、電影、遊戲等。

類思覺失調型（分裂型）人格障礙與遺傳有關，家族中可能有思覺失調症或思覺失調型人格障礙的病史。

脆弱狀態、衝突因素

類思覺失調型人格的角色難以忍受需要與他人進行親密互動的情境，過度理性的（非感性的）態度或許會導致他們與渴望建立親密關係的人之間發生衝突。

當獨處的生活受到干擾時，心理上的平靜就會被打破，尤其如果自己珍視且重點發展的內心世界遭到妨礙或輕視，或許會對他們造成很大的衝擊。

與類思覺失調型人格有關的關鍵字

#一個人獨處反而比較自在 #獨行俠 #隱士

#這種時候不知道該做什麼表情才好

思覺失調型人格，腦海中長出花海的「御宅族」

思覺失調型人格（schizotypal）是類思覺失調型人格與迴避型人格的加強版，與這兩種人格有相似特點，但表現程度較嚴重。類思覺失調型人格不太願意展示自己內心，思覺失調型人格則傾向將自己奇異的想法或行為表現出來。過去曾把被分類為思覺失調症的症狀細分，目前則分成易變成思覺失調症的思覺失調型人格與思覺失調症光譜進行診斷。

思覺失調型人格的角色喜歡沉醉於超越現實的魔法世界裡，同時在現實世界中對於建立社交關係所需的情感表達、共鳴與親密感的需求十分有限，所以常常駐足於自己的幻想中。這些人宛如魔法般的思維近似於奇幻或科幻作品，會構築出一個全新的世界。除此之外，他們表現出的「有人想要傷害我」這種像偏執狂一樣的態度，則與懸疑、驚悚作品有相似之處。然而不同的是，奇幻、科幻、懸疑、驚悚作品的作家通常不會把自己的想像當作現實，而思覺失調型人格的角色則會把自己的幻想當成現實，或以自己獨特的方式來解釋現實。

在作品中處理思覺失調型人格的角色時，他們「無法預測下一步」的特點往往能為故事增添趣味與刺激感。由於這樣的特性，安排思覺失調型人格的角色可以在故事的結尾發揮作者需要的反轉效果。

充滿奇異言行與幻想的內心世界

具有思覺失調型人格的人在日常生活中經常出現奇怪的言行，面對人際關係有嚴重困難，在社交生活中適應不良，當他們承受巨大壓力時，會暫時出現幻覺、妄想等思覺失調症的症狀，也可能同時產生分裂型、偏執型、迴避型、邊緣型人格障礙。

具有思覺失調型人格的人由於在社會上受到孤立，人際關係遭遇困難，所以往往會發展出充滿奇特思維與幻想的內在世界，這種人格在男性中稍微比女性常見，並且有顯著的遺傳因素影響。

行為特徵

思覺失調型人格的角色舉止怪異，並且與社會嚴重脫節，行為難以預測。在學校和職場上難以適應社交生活，無法維持婚姻等親密關係，雖然不喜歡與人互動，但是會積極參與看起來並不尋常的活動（神祕學、靈學等）。

他們雖然會使用在日常生活中不常見的怪異言語，利用特殊的概念和用語進行表達，卻也反映了他們內心世界獨有的邏輯結構。他們生活在屬於自己的世界裡，有時會從這個想法一下子跳到另一個想法，看起來雜亂無章。因為這種傾向，他們往往很難獲得他人的理解與共鳴，也可能成為受到孤立的原因。

無意識的行為與欲望

思覺失調型人格的角色往往會認為自己是孤獨且毫無價值的人，有時還會經歷人格解體障礙等解離性障礙。所謂人格解體障礙，指的是感覺自己分裂為兩種不同存在的狀態，一種是採取行動的自己，一種是觀察自身行動的自己。他們經常陷入超現實的思維，認為自己能夠讀取別人的想法，或擁有超感官能力等，而且還會堅持這樣的想法。

為什麼會產生思覺失調型人格呢？

一般認為，思覺失調型人格（包含思覺失調症）最重要的因素來自遺傳，如果有思覺失調症患者的家人或親戚，那麼出現這種類型人格障礙的機率也會比較高，而且在雙胞胎的研究中，也顯示同卵雙胞胎的一致性高於異卵雙胞胎。

在世界上關於思覺失調型人格障礙的研究中，韓國的研究團隊首次證實了大腦特定區域與其的關聯性，那就是由許智元教授（高麗大學心理學系）與權俊壽教授（首爾大學醫院精神健康醫學科）進行的相關研究，發表在世界最權威的腦科學、精神醫學領域期刊《美國醫學會精神醫學期刊》（*JAMA Psychiatry*）的線上版。

在韓國，像是〈世界有奇事〉等電視節目中，有許多自稱不平凡的人登場，他們很有可能患有思覺失調型人格障礙。有研究團隊以患有思覺失調型人格障礙的二十一名個人與三十八名普通人對照組為對象，給他們看由點組成的動畫。研究結果顯示，思覺失調型人格障礙群體的「快樂中樞」有顯著的活化反應，這是在享用美味的食物或和喜歡的人待在一起時會活化的區域。對於普通人來說，畫面看上去是正在移動的點，但是對於患有思覺失調型人格障礙的人來說，看起來就像是一個人在移動，所以他們能夠從中獲得很大的樂趣。也就是說，面對普通人可能不感興趣的念力或預知夢等荒誕不經的事物，在思覺失調型人格障礙患者的大腦中可能會產生愉悅感[9]。

許智元教授表示，與那些被獨特的事物吸引並沉浸其中、躲避與其他人互動的自閉症患者不同，有思覺失調型人格的人渴望與別人分享自己感興趣的領域，所以常常成為其他人嘲弄的對象，同時也很容易罹患憂鬱症[10]。

與父母之間不穩定的依附關係

思覺失調型人格與父母之間不穩定的依附關係有關，性格上的被動性導致他們往往無法引起父母的關愛與注意，因此很難掌握同理能力或人際關係的技巧。除此之外，父母的冷漠與忽視可能導致他們喪失建立人際關係的意志力，沉浸在自己的內心世界中。

家族病史與遺傳因素

思覺失調型人格的成因可能與思覺失調症家族病史等遺傳因素、兒童或青少年時期的嚴重憂鬱疾患（重鬱症、憂鬱症）有關，如果只有父母的漠不關心等常見教養方式，很難到達這麼嚴重的地步，因此思覺失調型人格障礙患者的家人通常有很高的機率患有思覺失調症等相關疾病。

當思覺失調型人格變成一種病時

社會性孤立＋奇異的言行（怪聲怪氣的御宅族角色）。

當關係妄想過了頭時

把偶然發生的事件解讀成對自己有特殊的意義，並且在自己的妄想中堅信有其他人看不出來的關聯性存在。當這種關係妄想過了頭時，他們可能會相信自己擁有超自然的力量或預知未來的能力，並且投入與此相關的活動，隨後還會扭曲自己接觸到的資訊，堅持這種妄想帶來的確信。他們可能會以無法與他人溝通的奇特言語進行表達，或者懷疑周圍的人想要傷害自己。除此之外，他們的社交需求很低，很難建立家人以外的社交關係。在韓國，有一位知名人物「Bangsang」老奶奶黃善子，她在有線電視台上以能與外星人溝通的人——通靈師的身分登場，並且以其奇特的言行聞名。她聲稱可以藉由宇宙創造神使用的語言來與外星人溝通，使「Bangsang GeranGaran」（「人類們啊！你們想知道什麼」之意）這句話蔚為流行。她表示宇宙神透過自己向地球人傳達訊息，還寫了三本書。據說除了以通靈師的身分活動以外，她就只是個過著平凡生活的老奶奶。

在症狀不嚴重時，他們可以憑藉其獨特的內在世界投入藝術或創作活動，取得卓越的成果。〈異形〉系列的藝術總監漢斯．吉格爾從小就喜歡將奇怪的想像轉化為畫作，這樣的習慣也促成了電影史上永垂不朽的「生物」誕生。

〈鋼琴師〉（*Shine*）是一部改編自真人真事的電影，講述的是澳洲鋼琴家大衛．赫夫考（David Helfgott）的人生。主角大衛（傑佛瑞．洛許飾）總是一個人自言自語，被各種思緒包圍，在父親瘋狂的執念與遭到家庭拋棄的衝擊下，膽小內向的大衛無意識地退化回幼兒狀態，最終在精神病院度過了數十年的歲月。

關係妄想式思維與偏執型思維

提到關係妄想式思維，電影〈安琪狂想曲〉（*He Loves Me... He Loves Me Not*）中的安琪（奧黛莉・朵杜飾）就是一個例子，她偶然遇見鄰居男人路易克，開始陷入一種妄想，認為對方愛上了自己，所以她讓路易克的妻子流產，還走上犯罪的道路，攻擊那些傷害路易克的人。安琪被曾是畫家的父親（大概是與母親離婚了）獨自扶養長大，但是父親總是忙於工作，無法給予她足夠的關愛，為了填補這份缺失，她形成了自己獨特的怪癖。

偏執型思維就是認為有人會散布對自己不利的謠言或試圖傷害自己，同時開始懷疑自身周圍的特定人物，並在心中確定這些想法，如果他們堅信只有自己才能解決這個問題，就會合理化自己的行為，對特定人物造成傷害。

瓦昆・菲尼克斯（Joaquin Phoenix）主演的電影〈小丑〉（*Joker*），完整描寫了需要接受保護與治療的精神病患者亞瑟・佛萊克如何變成引起社會混亂的小丑。〈小丑〉的故事讓觀眾代入亞瑟・佛萊克的角色，將幻想視為現實，並且透過與周遭人物的關係，展示他不斷陷入危機的情境。電影藉由亞瑟・佛萊克在危機中做出可怕選擇的模樣，生動地展示了社會體制的問題與人性的陰暗面。〈小丑〉之所以讓觀眾看得心亂如麻、膽戰心驚，正是因為我們的社會對於思覺失調型人格障礙的人有所忽視。瓦昆・菲尼克斯的〈小丑〉透過思覺失調型人格障礙的角色，揭露了我們忽視的現實與社會體制問題，也表現了他們與我們之間其實沒有太大的不同。

電影〈計程車司機〉（*Taxi Driver*）中的主角崔維斯（勞勃・狄尼洛飾）在參加越戰後光榮退役，他長期深受失眠症困擾，靠開計程車維持生計，後來逐漸陷入一種「必須打擊社會的邪惡並拯救某人」的強迫性思維中。崔維斯怪腔怪調、言語荒唐，表現出異常的行為，最終還剃了頭準備好手槍，試圖暗殺參議員。

思覺失調型人格的角色設定：憂鬱症、奇異的言行、沉浸在自身的內心世界

與父母的關係、教養方式

在安排思覺失調型人格的角色時，一定要提及家庭背景成因的設定，或者在兒童和青少年時期的心理創傷導致憂鬱症。除此之外，還需要情感交流少、冰冷的家庭氛圍，以及父母忽視子女、漠不關心的養育態度，以及角色易沉浸在自身內心世界的環境與條件。

在〈鋼琴師〉中，大衛由於父親的反對導致美國留學的計畫破滅，陷入了嚴重的憂鬱症，膽小內向的個性和父親高壓、冷漠的教養方式，加上以鋼琴作為一種挖掘內心世界的媒介，是大衛患上思覺失調型人格障礙的三大要素。

脆弱狀態、衝突因素

像類思覺失調型人格一樣，社交情境也會導致思覺失調型人格進入脆弱狀態，只是類思覺失調型人格會避免社交互動，盡量保持安靜，思覺失調型人格則可能因自己奇異與獨特的言行引發衝突，尤其當自己的內心世界遭輕視時，他們往往會表達強烈的憤怒。

與思覺失調型人格有關的關鍵字

#天啊怎麼會這樣 #奇怪的野人
#屬於自我的世界 #四次元 #為我們的存在加油

第 2 章

情緒化
又試圖影響別人

「掌控他人」
B 型的人格光譜

Ｂ型的人格光譜屬於在人際行為中特立獨行的類型，甚至給人一種「這個人怎麼會這樣？」、「他是不是有點問題？」之類的感覺。無論出於何種原因，他們都會積極地介入人際關係，並且對於與他人之間的互動賦予重要意義。

這種人格光譜的特點在於會不斷試圖影響他人。反社會型人格會為了自己的目的利用他人，自戀型人格則會將他人視為照亮自己的工具；戲劇化（表演型）人格會操縱他人來博取關注，邊緣型人格的衝動行為也源自於對他人認可與關愛的渴望。

反社會型人格

反社會型人格光譜的優點在於行動力，只要是想做或他們認為應該做的事情，就會立即付諸行動，性格優柔寡斷（例如依賴型人格）的人通常會從反社會型人格的角色身上感受到極大的魅力。在軍隊、警察、消防、醫療等需要行動力的職業類別中，這種特點會被視為巨大的優點。如果具備適當的同理能力、守法意識與責任感，他們在一般職場上也是必要的人才。

戲劇化（表演型）人格

這種人格的優點顯然在於演技，他們很在意其他人的目光，可以本能地掌握住如果想獲得別人的認可應該做些什麼。雖然是源自對於關注的渴望，但是能夠操縱別人的情感使其按照自己的意思變化，也是一種強大的能力。具有這種人格的人非常適合當藝人，尤其可以在表演上取得巨大成功，除了演藝圈之外，如果擁有一定程度的自我控制能力，他們在業務工作上通常也能夠嶄露頭角。

自戀型人格

這種人格的自尊心極高，高到甚至自戀的程度，這點與他們對於自身工作的自豪感相連。如果他們的自身價值與崇高的信念有所連結，就不會因為對於自己過度的確信而剝削他人，在任何情況下都能成為堅持走自己的路、清高又正氣凜然的迷人角色。

邊緣型人格

這種人格擁有脆弱的自我意象與衝動的特質，是非常病態的人格類型，但衝動的特質有時也能夠帶來戲劇性的變化，當然對於他們本人來說，這很容易導致自我毀滅的結果，但如果從戲劇的角度來看，也可以作為激發劇情活力或反轉的要素來使用，讓讀者與觀眾無法輕易預測接下來的走向，為劇情帶來緊張的氛圍。

反社會型人格，以自己的正義為依歸的「不法之徒」

反社會（antisocial）型人格只要是為了自己的利益，就會展現攻擊性行為，不遵守維持社會運作所需、每個人都應該遵守的法律和規範，犯罪、偵探系列的創作者們通常喜歡將這種人格作為反派角色來使用。

他們擁有屬於自己的「社會」規則，但對現實社會的規範不理不睬，還會毫不猶豫地剷除別人。因此無論是自己對其他人造成的傷害，還是對於與自己親近的關係或社會產生的危害，他們都不感興趣，只關心外界的作用對自己造成什麼影響，他們不將自己視為社會的一分子，而是將自己與社會區分開來，並且優先考慮自己。

然而，很多作品在創作反社會型人格的反派時，會過度拘泥於典型的形象進行描繪，對於一個心理學家、讀者或觀眾來說，這點非常令人遺憾。對於劇中犯罪者的犯罪動機，這些作品通常都單純只有「因為他本來就是反社會型人格」的說明，既平面又缺乏對人性的思考。

從心理學來說，即使是「正常的人」、「適應良好的人」，可能也具有輕微的人格障礙特質（反社會型、偏執型人格障礙等）與精神病特質（焦慮、憂鬱症等），如果考慮到這一點，當創作者在描繪反社會型人格的角色，甚至是正面的角色時，都可以為他們賦予複合性的面貌。

為了自己的目標絲毫不顧及他人

反社會型人格通常被認為是謊言、攻擊性、不負責任、混亂與犯罪的象徵，即使知道自己的行為會給他人帶來傷害、違反法律和規範，他們也毫不在意。在程度較輕微的情況下，反社會型人格會表現出領導力與進取心，甚至會顯得很有吸引力。這種人格特點在軍人、警察、企業家、政治家、教授等菁英群體中經常出現，可能像連續劇〈驅魔麵館〉裡的重津市長申明輝（崔光一飾），除了是一位手腕出色的政治家，同時也是一個會為了達成目的不擇手段把絆腳石除掉的人，對於那些因為自己而深陷痛苦的人們，表現出毫不在乎的形象，也可能像電影〈追擊者〉中的池英民（河正宇飾）一樣，被描繪成喜歡殺人的連續殺人魔。

這種人格一般都是在成年後才被診斷出來，但是這些人通常從兒童、青少年時期就會表現出竊盜、暴力、離家出走等問題行為。他們非常講求邏輯，不會出現妄想等症狀，每一百個人裡面就有一至兩位，是意外常見的人格類型，男性稍多於女性，有時還會與自戀型人格並存。

行為特徵

具有反社會型人格的人行事衝動，而且執行力很強，會不擇手段貫徹自己的目的，不會因考量到風險或懲罰而退縮。由於忽視他人的權益、社會規範、風俗習慣和道德，所以很容易與犯罪有所連結，但是並非所有具反社會型人格的人都是犯罪者。他們通常不信任別人，表現出敵對與攻擊的態度，絲毫不在乎自己的行為會對家人、同事或朋友產生多大的負面影響，所以很多人會從他們身上感受到威脅性。如果事情進展順利，他們的態度會很友好，表現得彬彬有禮；但是一旦進展得不順利，他們就會燃起復仇之心，迅速變得充滿攻擊性。高智商的反社會型人格者能夠隱藏自己的意圖，如果這麼做符合自身的利益，他們也更容易做到這一點。

無意識的行為與欲望

具有反社會型人格的人總是堅持自己的正義，處處想要贏過別人，認為弱者就是錯誤的，唯有擁有力量的人才是正義。他們視力量、權利和金錢等為正義，利用這些來追求個人私利，忽視他人的權益。除此之外，在察覺到外界存在的威脅時，他們會時刻保持警戒，將自己的攻擊性歸咎於他人，並且認定這是正義的懲罰。在韓國，殺害至少二十人的連續殺人犯柳永哲，和以仇富為核心理念的黑幫犯罪組織「至尊派」就是其中的例子。

為什麼會產生反社會型人格呢？

來自遺傳的機率占百分之五十

根據研究結果顯示，犯罪傾向、精神病質、反社會型人格障礙有百分之四十至五十是來自遺傳；另外在針對收養兒童的研究中，顯示遺傳與環境的影響沒有明確的差距。缺乏同理能力是反社會型人格障礙的重要特徵。

同理是「感同身受其他人的情緒或痛苦」，但是具有反社會型人格的人對於其他人的心思根本不感興趣。根據研究結果顯示，在他們的大腦中，掌管情緒控制功能的邊緣系統（limbic system）體積比普通人少了大約百分之十八，因此從生物學的角度可以推斷，他們掌管衝動控制與決策的前額葉皮質（prepronta cortex）活性較低，容易表現出衝動和攻擊性的行為。

對母親的不信任與虐待

與父母，尤其是對母親缺乏基本信任被視為是反社會型人格的成因之一，最應該為孩子帶來信賴感的母親如果採取虐待或暴力的教養方式，往往會引發孩子對他人採取攻擊性與毀滅性的態度。

連續劇〈貝茲旅館〉（*Bates Motel*）是電影〈驚魂記〉（*Psycho*）的衍生電視劇集。劇中諾曼母子之間的關係顯示了不當的控制與反覆的虐待，諾曼的母親諾瑪告訴諾曼，只要與異性發生性關係就會下地獄。她過度控制兒子諾曼，只要稍有不滿意，就會經常吐出「不像個男人、真是沒用」等難聽的話語與辱罵。在父親去世後，諾曼唯一的照顧者就是母親，這部連續劇以極端的面向展現與照顧者的關係如何對個人造成負面影響，直到母親諾瑪死後，諾曼依然持續受到母親的影響，諾曼開始被諾瑪的人格侵占，諾瑪的人格嚷嚷著要殺死妨礙諾曼和犯下齷齪罪行的人，尤其是女人，儘管諾曼試圖拒絕，但是每次都只能屈服。

堅信只要握有力量就能隨心所欲地控制他人的信仰

在安排反社會型人格的角色時，加入童年時代受到虐待式教養的設定會顯得很有說服力，但是僅憑父母漠不關心與不負責任的態度，通常很難形成反社會型人格障礙。而嚴重的辱罵、體罰及父母將所有問題都歸咎在孩子身上的負面態度，不僅會引發孩子對於他人強烈的不信任，還會使其對整個世界抱持敵對的認知，並且表現出攻擊性的行為。

在面對父母的虐待時，具有反社會型人格的人小時候通常會選擇忍受，原因在於他們認為父母的力量比自己更強大，所以他們也堅信，只要自己成為握有力量的一方，就可以隨心所欲地控制他人。為了達成這個目標，他們往往會過度追求力量，並且建立藉由力量來合理化一切的信仰體系。

在作品中描繪反社會型人格的角色時，不一定要提及原因與他們的童年時期，但是在刻畫這樣的角色時，必須以多個面向來進行側寫，因為藉由該角色的個人經歷，可以設定他的思維體系、弱點與行為模式，進而打造出創作者獨創特性的角色。

當反社會型人格變成一種病時

由於反社會型人格幾乎沒有出現精神症狀，所以往往很難認定為疾病。他們用力量的邏輯合理化自己的行為，因此也不會認為自己有什麼不對。在徹底追求自身利益的同時，他們也經常能夠在社會上取得成功，除非犯下顯著的罪行，否則通常很難制止他們。

為了追求自身利益不擇手段

為了追求自身利益，抑或是消除妨礙自身利益的因素，這些人可能會在這個過程中犯罪。因此心理學家們表示，那些犯下可怕罪行卻不懂得反省的犯罪者，應該要暴露在大眾的目光下接受社會的譴責，這麼做可以向潛在的犯罪者發出警告的訊息，從而有效預防犯罪。反社會型人格的犯罪者往往很難自我控制其犯罪行為，因此透過社會性的懲處能夠從外界達到強力的制約，是防治犯罪的方法之一。

反社會型人格的角色設定：為了達成自己的目的不擇手段

與父母的關係、教養方式

在安排反社會型人格的角色時，需要父母的虐待式教養，以及將其合理化的設定，因為很少有父母會沒有任何理由地虐待自己的子女，最好有父母的反社會型人格或反覆的挫折導致攻擊性增加的前提存在。除此之外，為了達成目的能夠合理化任何手段的教育方針也與反社會型人格的形成有關。

在韓國連續劇〈Penthouse上流戰爭〉中，有很多為了自身利益不惜把他人踩在腳下或沆瀣一氣的大人，他們的子女也像父母一樣在競爭中勝出，為了自己的利益不惜欺負朋友，甚至威脅老師或其他大人。在青少年時期，相對於大腦中掌管情感與本能的邊緣系統，負責控制邊緣系統與綜合決策的前額葉發育得較為緩慢，所以往往很難抑制住衝動，如果和〈Penthouse上流戰爭〉裡的父母一起生活，孩子們前額葉的發育必然不會完善。

除此之外，極端到無法生活的貧困，或不分青紅皂白的暴力，也是預測孩子會有反社會行為的重要因素。

脆弱狀態、衝突因素

當反社會型人格者看到有人事物違反他們「力量即正義」的信仰體系，他們便會感到不悅，要是出現妨礙追求自身利益的要素，他們也會試圖立即將其清除，這樣的行為很容易演變成暴力或犯罪。

在電影〈險路勿近〉（*No Country for Old Men*）中，齊切短髮的殺手安東・奇哥（哈維爾・巴登飾）在殺人時有自己的一套規則，會堅定地執行自己所制定的計畫。他在殺人前會擲硬幣決定，如果對方沒有猜到是哪一面，就會被他殺

害。在電影初期，他主要使用的殺人工具是一把帶有氧氣罐的屠宰用空氣槍——「氣動牛鎗」，他會射向受害者的頭部盡量減少出血，同時保證確實殺死對方。如果把電影繼續看下去，就會發現他極度討厭有血沾到自己身上，使用氣動牛鎗的目的是為了最小化對他要殺害的對象以外所造成的損傷，除此之外，使用氣動牛鎗也意味著他將殺人視為屠宰，這點更增添了令人毛骨悚然的氛圍。電影中並未解釋他為何會開始殺人，為何要按照自己獨特的規則來殺人，但是從這個角色始終都以冷靜的態度貫徹自己的規則，並且持續不間斷這種沒有必要的殺人行為來看，在電影中似乎找不到阻止他繼續殺人的方法。安東・奇哥不會考量到人的安危，也不重視現實社會的規則，而是優先奉行自己訂定的規則，使他成為了給觀眾留下深刻印象的反派角色之一。

特定情境下的行為

犯罪：為什麼不行？

具有反社會型人格的人在違反社會規範時，第一個想法通常是「為什麼不行？」因為他們認為既然捷徑擺在眼前，就沒有必要繞道而行。他們嘲笑遵守法律和規範的人愚蠢且固執，而自己只是「靈活地根據局勢善用力量」而已。

偏執型角色會為了誘導他人跟著自己的規則走而留下惡意評論，反社會型人格的角色則只是單純為了好玩而這麼做。自戀型人格會為了把對方踩在腳下獲得優越感而策畫集體霸凌，反社會型人格則毫不在乎被折磨的對象，只是為了確實感受到自己掌握的權力，所以往往會成為集體霸凌的核心人物。

他們的內心沒有像強迫型人格的那種秩序，只是為了瞬間的快感而犯罪，由於感受不到罪惡感，所以即使面臨懲罰，他們也不會受到教化。他們就像你我周遭隨處可見的那種「酒後亂性的人」，因為無法克制衝動，所以可能會勃然大怒，喝醉之後與別人發生爭執或打碎物品，這種情緒化的表現也會波及身邊的人。我們在新聞上看到「無差別攻擊」的嫌犯，以及在新冠病毒疫情時對亞洲人進行仇恨犯罪（hate crime）行為的人，很可能都具有反社會型人格的特質，這正是隱藏在我們內心深處的邪惡。

根據智商與衝動性的高低，反社會型人格的角色有以下兩種類型。一種是智商低且衝動性高的角色，這種人可能是社區的搗蛋大王，甚至從十幾歲就開始出入警察局，他們不懂得記取教訓，因為才十幾歲也不會受到真正的懲罰，即使在軍隊或在職場上第一次闖了大禍，他們也不會有太大的改變。

另外一種是高智商又具有高衝動性的角色，他們雖然同樣不懂得記取教訓，但是由於不想受到處罰，所以會巧妙地在不被發現的前提下發洩衝動。他們能夠迅速習得如何把自己包裝得很有魅力，並以受到欺騙的人為對象來發洩自己的欲望。

這些人被稱為「穿西裝的蛇」（snake in suit），英國連續劇〈新世紀福爾摩斯〉（*Sherlock*）中的莫里亞蒂（安德魯・史考特飾）就是典型的代表性角色。而在現實社會中，這些人可能是涉及性犯罪、經濟犯罪、毒品犯罪的政治家、大企業總裁或知名藝人。

只為滿足自身欲望的快樂犯罪

「三母女殺人魔」金泰賢（當時二十五歲，男性）涉嫌跟蹤騷擾只有一面之緣的受害者，最終殺害了受害者及其妹妹和母親。他雖然對被害者表示好感，卻沒能得到回應，於是由愛生恨開始尾隨受害者，背負殺人、竊盜、特殊住宅侵入、資通訊網路侵害、違反輕犯罪處罰法等高達五項罪名。他在調查受害者沒有上班的日期後，決定在前一天潛入住處埋伏殺人，還從超市偷走犯罪工具。他表示因為不願意花錢購買犯罪工具才會選擇偷竊，也事先在網路上搜尋了「頸動脈」等致命要害。後來金姓嫌犯偽裝成送貨員前往受害者住處，因為知道受害者很晚才下班，所以打算提前潛入準備犯罪。

「即使家裡有男人，我也會選擇犯案，當時我遭到背叛的心情與傷痛非常強烈，隨著時間過去形成了疙瘩，憤怒的情緒也越來越高漲，所以才會犯下這樣的罪行。」金姓嫌犯在初期的口供中表示「（不僅是受害者）我本來就打算殺害她的家人」，但後來又改口說「這是偶發型犯罪」。對於在殺害受害者的妹妹後為何沒有就此收手，他表示：「事到如今已經沒有退路了，反正都會被抓，所以只好把她們統統殺掉。」在殺害受害者的妹妹與母親後，他依然留在受害者的住處，當受害者下班回家時，兩人爆發肢體衝突，他持刀威脅並搶走手機，後來經過一陣扭打後受害者搶走刀子，他又搶回來最終殺死受害者。

在犯案後，他也持續留在受害者的住處，並且嘗試自殺，但是沒有出現嚴重的自殘行為。在案件的第二次公審中，他還向法官展示左臂上的自殘痕跡，從整體的行為來看，他似乎沒有表現出任何反省和後悔的態度，對於自己的犯行及其引起的社會關注，他非但沒有感到畏懼，甚至有點享受。站在媒體攝影機前時，他自行摘下口罩跪下的動作，也是非常以自我為中心的浮誇行為。

他的謀殺是因為受害者沒有按照自己的規則走，所以隨心所欲地對其施加死亡的審判。在詳細規畫執行犯罪的過程中，也帶有幻想的成分，這場謀殺可以說是為了滿足他實現復仇欲望的快樂犯罪，我們可以推測當媒體爭先恐後地詢問他殺人的理由，並且指責他有沒有在反省時，他可能非但沒有感到內疚或害怕，反而是享受那個瞬間。

與反社會型人格有關的關鍵字

#whynot? #為什麼不行？ #拳頭就是王法
#我說什麼就是什麼 #反省是膽小鬼的行為
#幹嘛要哭又沒什麼好怕的

戲劇化人格，渴求關注的「刷存在感專家」

在華麗的燈光下，觀眾們嘖嘖稱奇地注視著自己的聲音與動作，在舞台上聽著觀眾們的讚嘆與掌聲，甚至讓人感到有些恍惚，然而表演必然會在決定好的時間結束，在舞台上光鮮亮麗展現自我的人，也會隨著燈光熄滅走下舞台，回到人群中繼續過自己的日常生活。然而，有些人在日常生活裡也會創造虛擬的舞台和燈光，藉此博取他人的關注，這種人就被稱為戲劇化（histrionic）人格，也叫做表演型人格。

他們總是努力讓自己得到旁人的關注，其表現形式就宛如在舞台上表演一個小時喜怒哀樂的話劇演員一樣，帶有戲劇化效果，比如說將自己身體隱私部位的照片上傳到社交平台、藉由自殘引發騷動、在性方面展現出非常開放的態度等。因為重視旁人的關注，所以他們十分在意「被看見的自我」和「表現出來的自我」，這點往往會讓他們的家人、朋友和同事等周圍的人感到疲憊不堪。

透過具有戲劇化（表演型）人格的角色來展開故事，可以帶來足夠的戲劇效果，在為了輕易博取他人關注而採取的行為背後，是他們越發空虛的內心，由於不會努力在一段關係中建立信任，所以通常很難在人際關係上獲得滿足。故事中具有戲劇化人格角色的那份欲望、挫折與痛苦，往往也會促使讀者與觀眾捫心自問「我是什麼樣的人？」產生對於自身認同的反思。

為了博取他人關注與喜愛而努力

為了博取觀眾，也就是他人的喜愛與關注所做的努力，會表現在華麗的裝扮與引人注目的言行舉止上，當這種言行舉止與情緒表現過了頭，就會給人一種「表演」的感覺，所以這類型的人才會被稱作「表演型人格」和「戲劇化人格」。當程度輕微時，或許還會顯得很有魅力，只是行為稍嫌浮誇，但是嚴重的話就會轉為荒謬，產生不穩定的情緒表現與過於戲劇性的行徑。

電影〈亂世佳人〉（*Gone with the Wind*）中的郝思嘉（費雯・麗飾）為了得到男人們的關注，無所不用其極，她反覆勾引男人，又把男人甩掉，始終學不會

真正與人相愛，到處尋求關注與愛情。電影〈芝加哥〉（*Chicago*）的蘿西・哈特（芮妮・齊薇格飾）為了滿足自身欲望，甚至不惜利用深愛著自己的丈夫。蘿西與聲稱要捧紅自己的男人發生婚外情，在發現男人欺騙自己的事實後，一怒之下槍殺了男人。儘管她試圖將自己犯下的殺人罪行嫁禍給丈夫，仍舊以失敗告終，被關進了監獄。入獄後的她與律師比利・弗林（李察・吉爾飾）攜手合作，為了獲得無罪釋放而扮演楚楚可憐的受害者，還謊稱懷上了丈夫的孩子，試圖博取眾人的同情，殊不知這一切只不過是精心策畫的一齣戲罷了。

戲劇化（表演型）人格表現情緒的方式與人際關係的行為型態會隨著文化的不同而改變，每個性別能夠接受的表達形式也有所差異。雖然研究結果顯示戲劇化人格障礙的發生不分性別，但是女性較常被診斷出來，這點可能會導致潛在的偏見[11]。除此之外，戲劇化人格障礙往往有很高的機率伴隨憂鬱症、邊緣型人格障礙、反社會型人格障礙與依賴型人格障礙。

行為特徵

戲劇化人格的角色會不斷努力吸引別人的關注，所以起初看起來可能很有魅力或吸引力，可是他們缺乏維持穩定關係的信賴、耐心與奉獻。有時候為了重新獲得漸行漸遠的人們注意，他們可能會「演戲」，但是在得到特定對象的關注後，他們便會就此打住，或是轉而努力博取其他人的關注。

他們在性方面表現得積極且混亂，因為性方面的摸索與行為比較容易博取他人的關注，然而這僅僅是為了獲得關注所做的努力，他們對於性行為本身不一定有很大的興趣。

他們擁有輕鬆表達自身情感與想法的能力，喜歡追求刺激，容易做出衝動的行為。因為渴求別人的喜愛與關注，所以他們甚至不惜撒謊來達到這個目的。在一段長久的關係中，他們會不停要求對方的認同，為對方帶來壓力。如果覺得自己沒有得到關注，他們便會感到沮喪和焦慮。

他們的情緒起伏很大，這點當有其他人在場時更加明顯。華麗的裝扮、誇張的行為、對於些微刺激的過度反應、極端非理性的情感表達，有時還會刻意抱怨和訴苦，這些行為都是為了吸引其他人的關注。

無意識的行為與欲望

戲劇化人格的角色往往具有想要博取他人注意與喜愛的強烈欲望，但是，因為這樣而開啟的關係往往十分膚淺，很快就會為了尋找新的關注而離去。他們通常不會意識到自己誇張與戲劇化的外表與真實自我的差距，很難獲得有意義與充實的生活。

為什麼會產生戲劇化人格呢？

缺乏母愛

在此先說明何謂「伊底帕斯情結」。到了性蕾期（四至六歲）時，孩子會將異性父母視為異性戀的對象，此時對於異性父母與同性父母的關係中出現的複雜心理作用就被稱為「伊底帕斯情結」。比如說男孩會愛上自己的媽媽，同時對爸爸產生嫉妒及恐懼。為了解決對爸爸產生的這些情感，在「認同作用」的防禦機制下，便會接受爸爸的社會角色（包含性別角色）。根據家庭的型態和關係，會出現各種型態的相互作用，這些會對孩子未來的異性關係造成影響。

如果是女性的戲劇化人格障礙患者，在性蕾期未能得到母愛，可能會試圖透過刻意撒嬌來博取父親的關愛，如果有獲得父親正面的反應，這種行為模式就會在性格中確立。

尋求父愛的誇張行為

無論男女都會因為得不到母親的關愛，發展成尋求父親（或父親的替代者）關愛的性格。如果父親很少處罰孩子，對孩子的誇張行為給予正面反應，就會造成強化的效果，使其成為孩子個人固定的行為模式。

他們之所以會藉由誇張的行為吸引異性，其實是由於缺乏母親溫暖的關心與照顧所致，因此當異性實際表現出關心或是關係深化時，他們往往會表現出慌張或迴避的態度。

當戲劇化人格變成一種病時

戲劇化人格因為在愛情或性關係中很難產生親密的情感，如果再嚴重一點，可能只會重複膚淺的異性關係，最終走向空虛的生活。他們通常無法好好維持與同性朋友的關係，總是想讓自己成為異性關注的焦點，如果做不到，他們就會感到沮喪或生氣。

在與持續給予自己關注的伴侶分開時，無論在此之前自己對伴侶的態度如何，他們都會產生巨大的失落感。為了挽回離自己而去的伴侶，他們可能會出現極端的行為，甚至自殘或嘗試自殺，但是他們這麼做並不是為了求死，所以通常會小題大作，表現得比實際情況還誇張，不過也很難保證他們不會做出危險的舉動。

如果沒有察覺到自己心理上的矛盾，持續這種病態的行為，就只能與人維持膚淺的關係，或是反覆把關係越弄越糟，甚至以身體症狀來呈現。這種現象稱為「身體化」（somatization），又稱作「轉化症」（conversion disorder）或「轉化型歇斯底里症」

（conversion hysteria）。明明他們的身體沒有任何異常，卻會感受到痛苦，並且在無意識中利用這些症狀博取他人的關注。

戲劇化人格的角色設定：渴望關愛但害怕被拒絕

與父母的關係、教養方式

在設定戲劇化人格的角色時，缺乏母愛是不可或缺的要素，可能是母親常常不在家，或是因為工作、憂鬱在心理上出現問題，無法給予孩子足夠的關愛；而父親雖然深愛孩子，卻拙於言辭不擅表達，抑或是不能及時處理孩子的不當行為。

如果父親不給予孩子注意與關愛，孩子可能從小就會試圖尋找一位可代替父親的角色（與父親年紀相仿的男性），建立一種模仿與父親互動的關係，甚至不惜勾引年長的男性。

脆弱狀態、衝突因素

他們總是需要有人對自己保持關心與愛護，對於被拒絕的恐懼感很強烈。如果自己吸引不了對方，或者對方很快就離開自己，都會使他們的心理變得非常不穩定。

在電影〈性愛成癮的男人〉（*Shame*）中，主角布蘭登・蘇利文（麥可・法斯賓達飾）總是迴避與人建立太深刻的關係，而妹妹西西・蘇利文（凱莉・墨里根飾）則與哥哥相反，喜歡投入在親密的關係中。電影中透過兄妹間簡短的對話，暗示兩人未能得到父母適當的教養，由於這段經歷，布蘭登在親密關係的建立上遭遇困難，西西則過度追求親密的關係。西西對要跟她分手的男朋友死纏爛打，當哥哥「有婦之夫」的上司迷上在舞台上表演的自己時，也直接與對方發生性關係。除此之外，她還會對哥哥撒嬌，表示自己很孤獨，希望哥哥能抱抱她，並且有過多的肢體接觸，對此布蘭登只能帶著僵硬的表情忍受妹妹的行為。到了電影後半段，兩人發生激烈的爭執，布蘭登一氣之下跑出家門，再次回到家時才發現在浴缸割腕自殘、血流不止的西西，所幸在醫院接受治療後，西西重新恢復了意識。

〈性愛成癮的男人〉中的西西同時表現出戲劇化（表現型）人格與依賴型人格特徵。她似乎無法獨立完成任何事，只能依賴周圍的人，同時為了獲得關注而打扮自己，搔首弄姿，過度吐訴自己的痛苦。西西誇張的情感表現、不適當的性誘惑、膚淺的人際關係，以及不斷渴望關愛的姿態，完整呈現了戲劇化（表演型）人格的角色。這部電影透過生活在紐約這座大城市的布蘭登與西西兄妹，生動地刻畫出了現代人雖然外表光鮮亮麗，卻為內心空虛而感到痛苦的問題。

受到眾人的注目，抑或是自己的主張能夠對他人產生影響，對於戲劇化（表演型）人格的角色而言是心癢難耐的獎勵。只要能夠成名，惡意在網路上引戰何錯之有？畢竟對於他們來說，網路上的惡名遠比沒沒無聞更有價值，在推特（現改名為X）等論壇上有名的「酸民」和「鍵盤戰士」與其說是真的討厭自己批評或指責的人，不如說是藉由攻擊對方來博取人們的關注，因為陶醉於受到眾人注目的自己，所以他們無法停止引戰（trolling，原為遊戲用語，但是現在用來指在網路上挑釁他人的行為，惡意留言也屬於引戰的一種）的行為。如果原本分享自身言論的人沒有堅定支持自己，他們還會轉而攻擊這些人。對於自己反覆無常的態度，他們不會感到羞愧，最重要的是吸引別人的關注。

日本漫畫《蜜桃女孩》中的壞女孩柏木紗繪是典型的戲劇化（表演型）人格角色，對於主角安達桃（小桃）的每個舉動都充滿敵意，她總是喜歡模仿小桃，干擾小桃的戀情，還對小桃與男友挑撥離間。這些行為在日本的漫畫史上也很有名，由於她的行為毫無道理，使得讀者更加同情小桃的遭遇，並且對紗繪感到厭惡。後來作者在外傳《蜜桃女孩REVERSE》中以柏木紗繪的視角來敘述，向讀者解釋了為什麼紗繪會變成壞女孩。她是一個渴望關愛的女孩，因為父母從小就有意偏愛她的姊姊和哥哥，因此她在耍心機利用他人的同時，也擁有渴望關愛的一

面。最終紗繪在唯一幫助自己的青梅竹馬、小桃及男朋友的幫助下體悟到真正的友誼與愛情，獲得了救贖。

電影〈孤兒怨〉（*Orphan*）的主角艾絲特（伊莎貝拉・傅爾曼飾）扮演善良而聰明的孩子，贏得了養父母的好感，順利被他們收養。此後，她開始掌控養父母科爾曼夫婦的家庭，但她其實不是孩子，而是因為腦下垂體異常發育不全的成年人。艾絲特數度冒充孩子，試圖誘惑收養家庭的父親，如果失敗就殺死他們，是一名不折不扣的殺人魔。

特定情境下的行為

犯罪：如魚得水的舞台——社群媒體

電影〈第六感追緝令〉（*Basic Instinct*）中的凱薩琳・特拉梅爾（莎朗・史東飾）是一名驚悚作家，她誘惑男性並將其殺害，就連調查她的刑警也無法自拔地被她所吸引。這種經典的戲劇化人格通常被稱為「蛇蠍美人」（femme fatale），她們極具魅力，但是不穩定而危險，是會把自己與對方雙雙推向毀滅的魔性角色。然而像〈第六感追緝令〉中凱薩琳這樣的角色，放到現在來說稍嫌老套，讀者或觀眾看到這種角色或許會覺得這是「老哏」，拉低作品整體的評價。

現代戲劇化人格的角色往往會尋找更好的舞台，那就是網路，尤其是社群媒體帳號。社群媒體帳號可以突破時間與空間的限制，將自己打造成更為戲劇化的角色，並且經過編輯後再曝光，其反饋具即時性，影響力更是擴及全世界。比方說YouTuber們往往會為了增加訂閱數，吸引大家按「讚」而使出渾身解數，甚至無所不用其極。

雖然不能實際登上舞台進行戲劇化的表演，但是對於追星的瘋狂粉絲，以及想藉由留言或私人訊息（DM）將明星的一部分獨占的人來說，社群媒體就是一個很好的平台。在網路上，戲劇化人格的人通常會熱衷於傳播名人的八卦故事，抑或是宣揚政治陰謀論，並且開設贊助帳號賺取金錢。除此之外，他們還會發出聳動的「祭品文」，表示如果自己的貼文或追蹤人數超過一定的量就要做什麼事，並將整個過程本身炒作成大家茶餘飯後的話題。只要是為了獲得人們的關注，他們沒有不能做的事情。

與戲劇化（表演型）人格有關的關鍵字

#表演不會停 #按讚訂閱開啟小鈴鐺 #紅舞鞋 #看我就好

自戀型人格，以自我為中心又傲慢的「變態」

具有自戀型（narcissistic）人格的人無法客觀審視自我，他們希望自己被視為有能力又具魅力的人物，這不僅是對自己的期許，也要別人抱持相同的看法。然而，這種渴望通常會受到挫折，因為他們不會花費大量時間和精力來實現自己理想中的樣貌，只是依靠幻想來構築完美的自我意象。自戀型人格的角色常常會將所有功勞都攬到自己身上，失敗則歸咎於他人，缺乏情感與行事上的道義，導致周遭的人往往會與他們保持距離，正因為如此，自戀型人格的角色很容易在無意間讓自己在社交關係中處於孤立無援的狀態，可是如果要正確體認其中的緣由，便會破壞自己正面的形象，所以他們也不會有所嘗試。

然而，許多作品在處理自戀型人格的角色時，都會刻畫一個在外表上具有一定魅力，或是在某個領域取得卓越成就的形象，這是為了讓讀者或觀眾比較容易接受該角色自戀型人格的設定，也能夠更有效地凸顯出其魅力背後不那麼討喜的部分。如果想要擺脫人格上的缺陷，實現內在的成長，他們需要抱持反思的態度，從客觀審視自己開始做起。創作者在處理自戀型人格的角色時，應該根據劇情的發展來決定如何呈現角色相關的資訊與觀點。很多作品都以外表很有魅力的方式來描繪自戀型人格的角色，倘若可以透過不同角度切入，或許能夠創作出更具有獨特性的作品。

以自我為中心，缺乏同理能力

王子病、公主病、自以為是。代表「自戀」的「narcissism」這個單字源自於希臘神話中納西瑟斯（Narcissus）的故事，他愛上自己在池水中的倒影，最終溺水身亡。自戀是自尊心的根基，人們有時會為了維護自尊心採取一些奇怪的行為，但是過度的自戀則是一種病態的表現。

自戀型人格對於自己的評價遠遠超過客觀事實和他人的看法，認為自己與身邊的人不同，是特別的存在，表現出極其傲慢的姿態。因為以自我為中心，缺乏同理能力，又我行我素不會考慮到別人，導致常常與周圍的人發生爭執，抑或是受到排擠。除此之外，他們也很容易受到他人負面回饋的傷害，為了維持正面的自我形象，通常會採取遺忘或無視等最為快速且簡單的方法。

自戀型人格有百分之五十至七十五是男性，常見於青春期（中二病），但是不一定會發展成人格障礙。自戀型人格障礙與邊緣型人格障礙經常一起出現，如果同時具有反社會型人格障礙，很有可能產生嚴重的變態犯罪行為。

在電影〈穿著Prada的惡魔〉（*The Devil Wears Prada*）中，時尚雜誌《伸展台》的總編輯米蘭達・普瑞斯特利（梅莉・史翠普飾）是在時尚業界取得了卓越成就的人物，這個角色除了擁有自戀型人格以外，還具有強迫型人格的特點，即使是對於其他人來說微小到可以忽略的瑣碎細節，她也非常在意和講究。她在工作上時時刻刻追求完美，總是能夠取得優異的成果。然而，這份一絲不苟也延伸到米蘭達對待與自己共事的人的態度，剛成為她助理的安德莉亞（安・海瑟薇飾）同樣受到了她的嚴厲要求。雖然安德莉亞起初手足無措，頻頻出包，但也日漸成長為一個稱職的助理，更獲得了一向苛刻的米蘭達的認可。然而後來在執行助理工作時，安德莉亞偶然目睹米蘭達私底下不幸的一面，見識到了米蘭達輝煌成功背後的黑暗。在電影的結尾，安德莉亞決定放棄成為第二個米蘭達的夢想，回到了雖然不那麼光鮮亮麗，但是充滿微小幸福的生活。

自戀型人格的角色堅信自己高於世界的規則，過度自大、以自我為中心且傲慢，對於日常生活的規範嗤之以鼻，無視他人的權利。與他人的關係是他們確認自身優越感的手段，在極端情況下可能會發展成自大型妄想症（grandiose delusion）。

他們會不斷努力誇大自身的價值與能力，將自己的失敗合理化，並且為自己的行為辯護。儘管在自尊心受到傷害時，他們也會感到屈辱和沮喪，但是只要透過自我辯護，往往很快就能夠擺脫這種情緒。如果自戀型人格的反社會傾向很強烈，可能會對傷害自身價值的人發洩怒氣，成為犯下重大罪行的犯罪分子。

電影〈美國殺人魔〉（*American Psycho*）中的派屈克・貝特曼（克里斯汀・貝爾飾）是一個結合了反社會型人格與自戀型人格的角色，他是美國上流社會享受富裕生活的雅痞族（yuppie，指那些在都會工作的高收入年輕專業人士，雖然沒有世襲貴族的文化背景，但是受過一定的高等教育，特點是追求感官享受，崇尚精緻的物質生活），電影中雖然頻繁出現他前往公司上班的場景，但是從未出現他實際工作的畫面，只有叫祕書預約餐廳或打電話給朋友而已。每天早上他都會運動和敷面膜，對於外貌的保養不遺餘力。雖然他對餐廳服務生十分友善，也表

現得好像很在乎各種社會議題，但是這都只是在演戲，實際上他完全不感興趣。除此之外，在別人看不到的時候，他也毫不掩飾自己對於弱者粗暴的言行。

派屈克・貝特曼看起來像是在物質至上主義下誕生的怪物，最令人印象深刻的場景之一，就是他與朋友比較誰的名片設計更精緻的場面。這是一場自尊心的較量，他會在意小小名片上的字有沒有燙金之類對於一般人而言根本不重要的問題，並且根據印刷品質和紙張的手感進行嚴肅的評價，甚至尾隨名片比自己更精緻的朋友試圖殺害對方，這些場面都顯得非常可笑。除此之外，在電影中，主角每天早上自我陶醉的樣子，還有即使是瑣碎的小事也會輕易傷害到他的自尊心，導致他頻繁殺人的模樣，都生動地詮釋了一個自戀型人格的角色。

無意識的行為與欲望

自戀型人格的角色因為堅信自己比其他人優越，所以難以接受任何形式的失敗，而且他們總是能找到各種理由和藉口，用華麗的語言來美化自己的失敗。在面對其他人的排擠時，也會採取「是他們的水準太低才容不下我」的態度來為自己辯護。

—— 電影〈鋼鐵人〉（*Iron Man*）中的東尼・史塔克（小勞勃・道尼飾）在童年 ——

時代失去雙親後獨自長大成人，是一個坐擁鉅額資產的人物。〈鋼鐵人〉中的東尼・史塔克與〈美國殺人魔〉中的派屈克・貝特曼都屬於富裕的上流階層，並且同樣展現出了自我陶醉的一面，然而最關鍵的不同之處在於，東尼・史塔克試圖克服失去自己的避風港——父母的傷痛，此外他也將這份努力拓展到社會環境的改變與科技的發展；與之相反的是，派屈克・貝特曼的視線永遠只停留在自己身上。為了在現實中實現心裡偌大膨脹的自我意象，東尼・史塔克竭盡全力，而派屈克・貝特曼則試圖透過除掉他人來輕鬆達成這個目標。兩個自戀型人格的角色擁有相似的背景，〈鋼鐵人〉與〈美國殺人魔〉分別展示了他們成為英雄和殺人魔的過程。

為什麼會產生自戀型人格呢？

父母的過度溺愛

根據精神分析理論，新生兒時期的孩子會誤以為父母的無條件關愛與照顧是靠自己的能力，不過伴隨著成長，孩子會學會把對方（父母，尤其是媽媽）與自我分離，與愛護自己的父母形成客體的愛（object-love）。透過這個歷程，孩子會覺得自己值得被愛，進而發展出次發自戀，這是基於對他人的愛與來自他人的愛感受自我價值的成熟自戀。

自戀型人格障礙呈現的則是不成熟的原始自戀，這點或許是源自於父母的過度溺愛，他們沒有真正關心孩子的成長，只是一味地立即滿足孩子的所有需求，才會導致孩子產生過度膨脹的自我意象。

隱藏在自戀背後脆弱的自尊心

另一方面，提出自體心理學（self psychology）的精神分析學者海因茨・寇哈特（Heinz Kohut）認為，自戀的背後隱藏著脆弱的自尊心。寇哈特主張父母冷漠的情感與對於成就的過分注重是自戀特質的主因，因為渴望愛的孩子會努力追求成就以獲得父母的愛，在每次取得成就時也會得到父母的認同，最終導致他們相信自己的價值在於比他人優越的能力。

一般來說，在浪漫喜劇或連續劇中，男主角通常都是自戀型人格的角色，儘管擁有一切，從外貌到財力樣樣不缺，卻因為無法得到女主角而苦惱萬分。這種在現實中很難見到、宛如「獨角獸」般的男主角與女主角的衝突與結合，正是利用自戀型人格幼稚的特點，用歡樂的方式描繪出來。原本只愛自己的男主角在遇到女主角後，藉由意識上的昇華，成長為懂得利用自身擁有的財力對他人與社會產生正面影響力的人物。

當自戀型人格變成一種病時

患有自戀型人格障礙的人，往往會因為獨有的傲慢而難以發展人際關係，如果是像〈穿著Prada的惡魔〉中的米蘭達・普瑞斯特利一樣有實力又有社會地位的人，或許不會有太大的問題；但是缺乏實力或地位支持的自戀型人格，只會讓人覺得是得了王子病（公主病）的蠢貨，畢竟沒有朋友會有耐心到能夠忍受這樣的人。對於那些透過人際關係建立自我優越感的人來說，孤立是難以承受的經驗。

當自尊心崩潰時，通常可以透過合理化來解決，但是如果實在無法合理化，就會陷入深深的憂鬱或憤怒中。

自戀型人格的角色設定：輕視別人並瞧不起沒有能力的人

與父母的關係、教養方式

如果父母因為太過溺愛孩子，從小就讓孩子擁有自己想要的一切，孩子會誤以為這是來自於自己的能力，成長為不食人間煙火的小王子和小公主。然而，當他們面對現實，發現其他人跟爸爸媽媽不一樣，自己也不是這個世界的王子（公主）時，往往會感到挫折並陷入憂鬱。

另一種情況是父母對孩子缺乏關愛，態度也很冷漠，唯獨對孩子的成就非常敏感，正如同寇哈特的主張，在這樣的情況下，孩子為了得到父母的愛，就會執著於成就與能力，最終形成自戀型人格，容易輕視別人，尤其瞧不起沒有能力的人。這是為了滿足自己的欲望而利用他人的剝削行為，就像韓國連續劇〈SKY Castle天空之城〉和〈Penthouse上流戰爭〉中的父母與孩子一樣。

在先前熱映的連續劇〈SKY Castle天空之城〉和〈Penthouse上流戰爭〉中，都出現了有問題的父母，以及受到這樣的父母影響而深陷痛苦的孩子們。父母期望孩子站在金字塔頂端，即使需要踩在其他孩子頭上也在所不惜。在父母扭曲的期望下，孩子只能接受並努力將其實現，導致他們的內心變得扭曲，結果不僅毀了他人，也毀了自己。

脆弱狀態、衝突因素

在出現威脅自己能力或價值的事物時，自戀型人格就會變得很脆弱，或者與對方發生衝突。自戀型人格的人對於這份「自戀」越缺乏客觀根據，越容易將瑣碎的事物認定為自身價值的威脅，過度採取防衛甚至試圖攻擊對方。他們希望別人將自己視為完美的人物，但是如果自己的努力得不到支持，就很容易與人發生衝突。

當他們與團體中的其他成員一起努力順利完成計畫時，往往會把所有功勞都攬到自己身上，還會貶低其他一起做事的成員，所以他們的社會名聲通常都不太好。他們認為擁有的一切都是透過自身的努力獲得，其他人都只是自己利用的工具。

即使有人因此懷很在心，想對他們展開報復，由於自戀型人格的人對其他人基本上沒什麼興趣，所以社會地位越高的人往往越難察覺。如果他們在失意後也不懂得反省自己，把所有的責任都歸咎於外界，自戀型人格的特質就會變得更頑強，甚至可能發展成其他精神疾患。

特定情境下的行為

犯罪：藉由貶低他人來確認自身價值

在我們的日常生活中，可以輕鬆找到很多具有自戀特質的人。邊緣型人格和自戀型人格都會讓人不想靠近，但邊緣型人格是因為看起來很危險，自戀型人格則是因為他們太自以為是。在中上階層或菁英分子中，有些人會認為自己與生俱來的階級和運氣所帶來的一切，都是靠自己的能力獲得。這些人對於自己的利益受到侵犯時會感到不快，他們有一套自己規定的標準，如果有不符合這套標準的人試圖透過社會成就踏入自己的領域，他們就會憤怒地抱怨「不公平」。

他們的犯罪與社會現象息息相關。偏執型人格的人會打電話給客服中心抓著說明書追問「為什麼商品跟上面寫的規格不一樣」，自戀型人格的人則會瞧不起客服中心的工作人員；就像一些首爾大學的教職員，說是要整頓在大學裡工作的清潔工的「紀律」，所以要求他們穿「正裝」參加測驗一樣。他們認為某個人擁有的社會地位就等同於那個人的價值，這種資源應該是有限的，而自己當然是值得掌握這些資源的人。反社會型人格的人利用他人犯罪卻往往學不到教訓，不在乎自己的行為是否合乎道德，如果說他們是人格有缺陷，那麼自戀型人格就是透過欺負別人來確認自身價值的卑鄙角色，就像部分政治人物和高層官員認為自己擁有的權力不是來自國家與人民，而是掌握在自己手中隨意揮舞的武器。

然而，與內心深處的那把尺本身就扭曲、怎麼樣都改不過來的反社會型人格不同，自戀型人格會積極維持自身正面的形象，因此自戀型人格的人在行使權力時，通常會優先考量自己的形象。如果反社會型人格的角色和自戀型人格的角色發生對立，抑或是有戰略上的合作關係，除了能成為區分兩者的關鍵以外，也是值得玩味的有趣描寫。

連續劇〈黑金家族〉（*Dirty Sexy Money*）講述了身為律師的主角為富甲一方的達令（Darling）家族服務而吃盡苦頭的故事。這個家族的所有人都屬於不成熟的自戀型人格，他們總是愛做什麼就做什麼，在違法與合法之間的灰色地帶來回穿梭，而整部劇情的主軸就是看主角手忙腳亂地替他們擦屁股。在觀看這部連續劇時，不禁讓人聯想到登上報紙社會版的那些韓國財閥的二、三代。

與自戀型人格有關的關鍵字

#mememe #天上天下唯我獨尊

#即使我出軌你也只能愛我 #虛張聲勢的跟風嘻哈仔

邊緣型人格，衝動又不穩定的「自我毀滅者」

我遇見的她，是致命魅力的擁有者，能夠瞬間填滿我空洞的心，讓我感到洶湧澎湃。然而，這份激情沒能持續太久，我的生活更因為她而逐漸崩解。

「我愛你，你要愛我。」

她會不斷向我確認愛意，只要我表現出一絲猶豫，她就會對我惡言相向，甚至拿東西丟我。她的名字叫貝蒂，對她而言這個世界是令人無比窒息的地方[12]。

電影〈巴黎野玫瑰〉（*Betty Blue*）的主角貝蒂（碧翠斯・黛兒飾）是一個非常衝動、情緒起伏很大的角色，無論是伴侶還是鄰居，只要有任何一丁點事情讓她不開心，她就會克制不住憤怒選擇自殘或威脅對方。在電影的後半段，貝蒂原本以為自己懷孕了，後來才發現只是誤會一場，從而感到痛苦萬分，她開始產生攻擊性，甚至對自己做出各種怪異的行徑，最終刺傷自己的眼睛，住進了精神病院。

在描寫邊緣型人格的小說和電影中，通常會講到以錯誤的方式釋放人類的性慾，對關係產生執著（eros），同時摧毀一切日常與關係（thanatos）的故事[13]。邊緣型人格只是在身體上成熟，心理上卻還是未成熟的模樣，這類角色對於欲望的追求與毀滅性的面貌，能夠帶給讀者與觀眾一種難以預測的神祕刺激感。如果要用一句話來形容這種類型的角色，那麼「迷人的瘋子」或許會是最適當的描述。

不可預測、焦慮與衝動

因為邊緣型人格不穩定且衝動的情緒，以及執著和毀滅式行為，所以經常會在外遇或驚悚題材的作品中以主角身分登場，其中有百分之七十五是女性。他們從成年早期開始，就會表現出持續的不穩定性，還可能因為嚴重的情緒問題、自殘行為、飲食障礙、藥物成癮等問題經常出入醫院。

所謂的「邊緣」，指的是介於「精神官能症（neurosis）與精神病（psychosis）的交界」，並非正常與異常的界線。精神官能症通常會呈現憂鬱、不安、無力等情緒調節問題，精神病則會表現出現實檢驗能力的缺陷（例如他們會說白色的桌子是白衣的鬼魂）；而邊緣型人格障礙正是這兩種症狀的結合，不可預測的各種突發行為、焦慮與衝動的情緒表達是其特點。

由於不穩定的自我意象，他們往往會感到混亂，在獨處時經常會產生空虛與憂鬱，有時候還會產生酗酒、濫用藥物、購物成癮或性生活混亂的問題。在面臨極大的壓力時，可能暫時出現對現實的認知障礙，甚至衝動地嘗試自殘或自殺。由於邊緣型人格會表現出各式各樣的症狀，常常被誤認為雙極性（躁鬱）、自戀型、思覺失調型人格障礙，也很容易發展成邊緣型＋雙極性、雙極性＋自戀型等複合人格。

根據精神分析學者奧圖・康伯格（Otto Kernberg）的邊緣型人格組織（Borderline Personality Organization，BPO）[14]，首先是他們缺乏對自己與他人清晰且一致的感知，導致身分認同模糊且混亂，其次是當面臨分離時，他們會頻繁使用諸如投射之類的心理防禦機制，將自己產生的負面情感推給其他人。最後是由於現實檢驗能力非常薄弱，所以他們有很高的機率會在職場和家庭中遇到困難。

心理上功能正常的人通常會對自己與他人擁有完整一致的看法，邊緣型人格的角色則不然，他們可能會對一個對象同時抱持兩種極端的觀點（天使—惡魔、救世主—垃圾），抑或是不斷改變評價。

邊緣型人格的角色會有很多衝動和突發性的行為，睡眠模式不規律，難以控制睡眠與清醒的時間。他們經常與別人發生爭執，也會挑起衝突，嘗試自殘或自殺，威脅自己或其他人的生命，甚至沉迷於賭博、喝酒、偷竊和性生活混亂等自我毀滅的行為。

特別是在人際關係方面，他們會表現出激情與憤怒交織的樣貌，既混亂又充滿矛盾，情緒極度不穩定，害怕被拋棄的恐懼和對於對方的依賴與執著共存。在這種關係中，一旦出現嘗試自殘或自殺的行為，就會引發難以控制的連鎖效應。

他們的極端行為是二分法思維引起認知偏誤的結果，這樣的思維會將對方過分理想化，抑或是在一夜之間視之為敵人。如果看到對方沒有立刻表現出接受的態度，就當即解讀為拒絕，自身狀態也在天堂與地獄之間來回折騰。

電影〈女生向前走〉（*Girl, Interrupted*）以邊緣型人格障礙患者作為敘述者，讓觀眾透過邊緣型人格角色的思維與視角來看待這個世界，之所以會採用這樣的敘事手法，是因為這部電影改編自蘇珊娜・凱森（Susan Kaysen）的回憶錄，她曾被診斷為邊緣型人格障礙而住進精神病院。電影中飾演蘇珊娜・凱森的薇諾娜・瑞德（Winona Ryder）表現出許多危險的行為，同時呈現無法克制內心的衝動而深

受痛苦的模樣。精神病院裡有另一個名為麗莎（安潔莉娜・裘莉飾）的病人，她比自己更衝動、更具破壞性，行事更加隨心所欲，卻也因此遲遲無法離開醫院，蘇珊娜透過她將自己客體化的同時，也學會了控制衝動，內心變得更加成熟。蘇珊娜原本認為父母只是在折磨自己，後來她不僅理解了他們，也與自己達成和解。這部電影對於常人難以理解的邊緣型人格角色有十分深刻的描繪，也呈現了充滿希望的結局，讓我們看到儘管有些困難，但是這種類型的角色仍然有獲得康復與變得成熟的機會。

電影〈致命的吸引力〉（*Fatal Attraction*）中的亞利絲（葛倫・克蘿絲飾）同樣屬於邊緣型人格的角色，已婚的丹（麥克・道格拉斯飾）趁妻子與孩子不在時與在派對上遇見的亞利絲發生一夜情，導致亞利絲對丹產生執著與瘋狂，最終走向了毀滅。在韓國電影〈無顏美女〉中，智秀（金愫秀飾）因為一直忘不掉過去的伴侶而接受精神科治療，與醫師錫沅（金太祐飾）的關係逐漸超越醫師和病患的關係，錫沅不顧醫療倫理，對智秀產生非理性的欲望，最終導致了可怕的結局。

無意識的行為與欲望

邊緣型人格的角色具有「不想被拋棄」的強烈欲望，這點與不穩定的自我意象有關。

由於對自己感到混亂與缺乏自信的認知，讓他們迫切渴望其他人的認可與關愛。然而，這種不穩定的自我意象不會孕育出健康成熟的愛情，而是會產生執著與毀滅性的行為。

韓國連續劇〈Penthouse上流戰爭〉中的千瑞珍（金素妍飾）不斷追求自己缺乏與失去的事物，因為她從小就想得到父母，尤其是父親的認可，但是她失敗了，只能帶著不穩定的自我意象長大成人。在劇中，只要千瑞珍稍微出現一點失誤，她的父母就會嫌棄她，不僅是自己，對孩子的人格修養也不太感興趣，認為只要「自己」能夠成功，哪怕是把別人踩在腳底下也在所不惜。千瑞珍不擇手段想得到父母的認可，只要表面上光鮮亮麗，其餘的都無所謂。

千瑞珍橫刀奪愛搶走了吳允熙（柳真飾）的男友並嫁給了對方，但是婚姻生活並不美滿。在對丈夫產生執著的同時，她也對同住在豪華公寓「赫拉皇宮」中的朱丹泰（嚴基俊飾）施展誘惑，將邊緣型人格衝動的一面展現得淋漓盡致。隨著劇情的發展，千瑞珍的執著從丈夫轉移到朱丹泰身上（雖然這一切並不完全是千瑞珍的錯），千瑞珍與周圍人物的關係最終也皆以毀滅性的結局作收。

以HBO連續劇〈權力遊戲〉（Game of Thrones）的原著而聞名的小說《冰與火之歌》（A Song of Ice and Fire）中，瑟曦・蘭尼斯特是蘭尼斯特家族的長女，也是七王國的王后，儘管表面上看似什麼都不缺，但是她卻經常感受到一種匱乏感，總是渴望自己所沒有的東西。瑟曦與身為國王的丈夫因為政治聯姻而結為連理，兩人的關係並不親密，各自擁有其他伴侶。因此，瑟曦與丈夫之間並沒有孩子，而是與雙胞胎弟弟詹姆・蘭尼斯特生下了三個孩子。詹姆・蘭尼斯特是出色的劍術高手，也是替姊姊瑟曦實現其欲望的角色，完全服從於瑟曦。當詹姆達成瑟曦想要的結果時，瑟曦會將詹姆視為自己的另一半，但是當情況不如她所願時，瑟曦就會對詹姆破口大罵。瑟曦與詹姆的關係很好地呈現了邊緣型人格與依賴型人格彼此的結合，以及他們如何走向悲劇的結局。在小說中，無論發生任何事情（即使跨越國境，甚至與其他人結婚）也拆不散這兩個人，唯有死亡才能將他們分開。透過瑟曦與詹姆的關係，我們可以了解到為什麼有些情侶造成彼此的不幸卻無法分離，只能不斷重複悲慘境遇，以及一個人內在的脆弱如何與他人的脆弱相連，進而引發協同效應（可能是負面也可能是正面）。

為什麼會產生邊緣型人格呢？

家族病史的影響

邊緣型人格受到家族病史的影響很大，這種孩子的父母通常有憂鬱症或相關障礙，尤其是與衝動性、情緒控制有關的血清素功能明顯低落。除此之外，杏仁核過度活躍與前額葉皮質活動低下也被視為形成邊緣型人格的原因之一。

與母親惡劣的關係

在依附建立期與父母（尤其是母親）惡劣的關係也被認為是邊緣型人格的成因之一，因為穩定的依附條件主要取決於母親（主要照顧者）值得信任的教養態度。信任的形成來自於照顧者負責任與一致的態度，如果照顧者對孩子有情緒上的虐待，抑或是採用混亂的教養方式，比如說時而對孩子非常好，時而變得冷酷無情，就會給孩子帶來焦慮的自我意像與情緒反應。

雖然分離了卻沒能完成個體化

邊緣型人格不穩定的自我意象從「分離－個體化」階段的問題開始，所謂的「分離－

個體化」，指的是孩子與父母自然分開後形成獨立自我的過程。起初，孩子可能不會意識到母親與自己是兩個獨立存在的個體，但是隨著認知與情感的發達與分化，孩子會逐漸發展出獨立的自我。

如果在與母親的關係中充分建立依附與信任，在分離後孩子便會發展出獨立健康的自我；倘若即使分離了卻沒能完成個體化，孩子就會產生焦慮的自我。因為對自己沒有信心，所以他們會到處尋找可以依附的對象，接著陷入可能被對方拋棄的不安之中。

當邊緣型人格變成一種病時

邊緣型人格情緒不穩定，總是處於焦慮的狀態，並且在人際關係中表現出病態的執著。無論是自我意象還是對於自己的認知，都存在持續的不穩定性。除了自我意象會發生戲劇性的變化以外，未來想做的職業、性別認同感、喜好的朋友類型或價值觀也可能在瞬間改變，處於不健康的日常狀態。

不穩定的自我意象與長期的空虛感會導致衝動性加劇，進而做出自我毀滅的行為。即使努力取得的成果就在眼前，他們也可能會親手摧毀，有時還會沉迷於賭博、酗酒，抑或是暴飲暴食和自殘。如果情況反覆惡化導致嚴重的壓力，可能會讓他們出現幻聽與幻覺，最後甚至以自殺告終。

邊緣型人格的角色設定：被別人拋棄的恐懼

與父母的關係、教養方式

在設定思覺失調型人格的角色時，擁有憂鬱症或情緒管理問題的父母，抑或是媽媽不能給孩子穩定的關愛是必要條件。父母的虐待可能是偏執型人格障礙和反社會型人格障礙的成因，邊緣型人格障礙則是與父母言語和情緒上的虐待有關，尤其是把孩子當成出氣筒的情緒虐待，往往會對孩子自我意象的形成產生巨大的負面影響。

脆弱狀態、衝突因素

分離或來自別人的拒絕訊號、承接責任重大工作之類情境，都容易觸發邊緣型人格角色自我毀滅的行為，因為這些事件會引發這類角色心中被別人拋棄的恐懼。在面臨或預期會有這樣的情境時，邊緣型人格角色無論思考、情感還是行為，都會發生嚴重的混亂。

特別是在與依賴的異性分手（或者被拋棄）後，可能會產生嚴重的憂鬱與現實認知障礙，進而面臨心理上的困境。除此之外，他們會在日常生活與角色履行方面遭遇困難，由此引發的問題（貧困、孤立等）也會持續。因為壓力事件導致的症狀從出現到惡化的速度很快，所以需要積極的醫療介入（住院或隔離治療等）。

邊緣型人格障礙的確診難度很大，每個人在每個時期表現出來的形式都有所不同，所以治療時有很高的機率會遇到困難，而且由於不穩定的自我意象與對世界的認知，患者很容易與治療者之間頻繁產生衝突。

特定情境下的行為

犯罪：在極端的憤怒與憂鬱之間來回穿梭的雲霄飛車

學校裡常常會有那種讓人覺得「啊，那個憂鬱又有點瘋狂的孩子？」的人，邊緣型人格的人通常就是扮演這種角色。在青少年時期，每個人都會經歷波瀾萬丈的情感變化，但是具有邊緣型人格的青少年更誇張，他們的情緒性副作用就像在極端憤怒與憂鬱之間來回穿梭的雲霄飛車一樣，導致他們總是很不穩定，如果長期處於這種狀態，就會為他們的青春蒙上一層不祥的陰影。當不穩定轉化為衝動，他們可能從青少年時期就開始接觸酒精、香菸和藥物。除此之外，為了緩解內心的焦慮，他們還可能出現自殘行為，在身體上留下傷口。雖然年紀不大，但是他們卻感到無比空虛，對生活產生倦怠，在建立自我認同時也會遇到困難。

自殘的人們通常表示，他們不是為了尋求痛苦，而是因為在自殘後會產生一種奇妙的安全感與真實感。他們掙扎著想忘記空虛，擺脫不穩定的狀態，同時向周遭的人求助。然而，邊緣型人格的人很脆弱，回應他們SOS呼救的人即使給予幫助，情況或許也不會有所改善，反而可能讓他們形成更巨大、沉重的心理壓力，甚至威脅要自殺。

在社會上，他們是「胡亂對待自己來威脅別人的人」，打電話到警察局哭喊著要自殺引起騷動，突然暴怒或忍不住與人發生肢體衝突，甚至因為胡亂投訴被列入黑名單。邊緣型人格通常伴隨著情緒障礙，有百分之二十患有重鬱症，百分之四十左右患有雙極性情感疾患，另外，神經性暴食症也很常見。

邊緣型人格的角色在犯罪或違反社會規範時的關鍵字是「救救我」、「幫幫我」、「滾開」、「但回來救我」，他們出現反社會行為或許是自我毀滅行為的延伸，也可能是為了抓住自己渴望的人與關心，所以沒想太多；或是雖明白後果，即使最終會失去原本渴望的一切，卻還是選擇這麼做。只要下定了決心，就算將自己燃燒殆盡，他們也甘之如飴。

與邊緣型人格有關的關鍵字

#求求你幫幫我救救我 #我有破壞自己的權利

#即使我是禽獸難道就沒有生存的權利嗎？（取自韓國電影〈原罪犯〉）

第 3 章

在感到焦慮的同時產生恐懼

「焦慮煩躁」
C 型的人格光譜

Ｃ型的人格光譜雖然不太顯眼，看起來適應得很好，但是內心往往備受煎熬。他們通常比較安靜，善於處理好自己的工作，卻有點神經質的傾向。Ｃ型人格光譜的特點是「高度的焦慮水準」，他們的行為可以解讀為緩解焦慮的表現。

強迫型人格

這種類型的人格最大的優點是完美主義，無論做任何事情，都以遠遠超過要求的高標準來看待。儘管這個遠高於一般的標準會使其他人感到疲憊，但在需要極高精密度的先端產業或安全管理領域中，他們往往能夠成為翹楚。除此之外，在一塊錢都不能錯的財務會計方面他們也能一展長才。

迴避型人格

迴避型人格的優點在於豐富的內在世界與想像力，由於面對評價的焦慮，他們通常會避免社交，將注意力轉向內在，因此能夠獨自完成別人連想都不敢想、試也不敢試的事情。與類思覺失調型人格「自得其樂」的想像力不同，迴避型人格的想像力「美麗又燦爛」，說得直白一點，就是「幻想」。

依賴型人格

這種類型的人格是值得信賴的得力助手，只要滿足他們依賴的欲望，他們就不會把目光放到名譽或金錢等其他方面，成為永遠在你我身邊提供幫助的友軍。只是有些人會將他們的犧牲視為理所當然並試圖利用他們，這種盲目的忠誠（依賴、愛）往往會成為悲劇的種子。

強迫型人格，外表與內在反差的魅力「完美主義者」

強迫型（obsessive-compulsive）人格的角色在劇情發展上可以賦予一定的規則，所以是深受許多創作者們喜愛的類型之一。強迫型人格的角色通常會試圖掌控自己與周遭的情況，因此對於一般人可能不會注意到的細微變化也非常敏感。舉例來說，像美國偵探推理喜劇《神經妙探》（*Monk*）或小說《福爾摩斯》（*Sherlock Holmes*）等懸疑和推理作品中，揭開事件謎底的主角大部分都是強迫型人格。只要透過他們敏銳的觀點與感官來看待世界，就能獲得非常大量的資訊。

除此之外，創作者們之所以喜歡強迫型人格的角色，是因為他們雖然表面上展現出了「正常」甚至是卓越的一面，內心卻充滿對自己的厭惡與極度的焦慮，賦予角色強迫型人格是人物設定的作弊神器，能夠把角色描繪得更立體、更有吸引力。

只要不夠確實或完美就受不了

完美主義者、控制狂。強迫型人格會執著於瑣碎的規則，如果規則與程序不夠確實就會受不了。他們重視理性與道德，厭惡隨心所欲和衝動的行為，如果不能確定自己的行為是完美的，就會出現猶豫不決的傾向。

強迫型人格障礙男性的診斷比例約為女性的兩倍，而且容易與對親密關係感到不適的迴避型人格障礙共同出現。

《明天別再來敲門》（*En man som heter Ove*）不僅在北歐，在台灣、韓國等地也以小說和電影的形式受到廣泛歡迎，而其中的主角歐弗明顯就是強迫型人格的角色。歐弗每天早上六點十五分起床，煮咖啡，做社區巡邏。在檢查門是否上鎖時，他會重複同樣的行為，每次都檢查三遍。在被裁員前，他在一間鐵路公司工作了四十三年，只開「紳寶」廠牌的車。十六歲那年，歐弗任職於鐵路公司工作的父親在鐵軌上被火車撞死，後來他人生中唯一的摯愛妻子因病去世，他每天都會去妻子的墳墓前探望。由於失去了妻子，他絕望地一心求死。

然而，每當這個固執且沉默寡言的老人歐弗在家裡試圖自殺時，總是會被

敲門尋求幫助的鄰居打擾，他也開始以自己的方式關心周圍的人。歐弗從只愛妻子一個人的角色，變成能夠與周圍人們親近的角色，正如同妻子生前所希望的那樣，他也再次將妻子給予自己愛的意義銘記在了心上。歐弗是一個將強迫型人格、長年的生活經驗與智慧結合在一起的老人，展現了其獨特的角色特點。

行為特徵

強迫型人格的角色是嚴謹、認真、固執又保守的人、他們冷酷且占有慾強烈，缺乏彈性與想像力，注重具體的事物與細節，嚴格執行規則和程序。雖然缺乏靈活性和主動性，但是他們往往看起來勤奮又有能力，情緒表達能力有限，同理能力較差。

他們認為自己是公正、勤勞又值得信賴的人，對家人、同事等信任又依賴自己的人非常好。儘管他們表面上看起來謹慎又穩重，但是當自己的世界崩塌時，很有可能造成難以承受的後果。

無意識的行為與欲望

具有強迫型人格的人通常會把反作用形成（reaction formation）作為主要的心理防禦機制，壓抑自己內心可怕的衝動，表現出與之相反的情緒、行動和態度。換句話說，這種角色雖然堅持嚴謹保守的態度，但內心可能有很多不道德或難以得到社會認可的欲望。

在電影〈美國心玫瑰情〉（*American Beauty*）中，住在主角萊斯特・伯納姆（凱文・史貝西飾）隔壁的法蘭克・費茲（克里斯・庫柏飾）是一名軍人，總是以權威保守的態度來對待家人，此外他也是個恐同（homophobia）人士，平常表現出對同性戀者的厭惡，偶然間他看到兒子和萊斯特・伯納姆玩在一起，以為兒子是同性戀。然而事實上，法蘭克本人就是同性戀，無論是結婚，還是表面上刻意強調自己的男子氣概，都是為了掩蓋自己的性取向。

為什麼會產生強迫型人格呢？

為了被父母看見

奧地利心理學家西格蒙德・佛洛伊德（Sigmund Freud）認為，強迫型人格源於肛門期（二至三歲），肛門期是孩子進行排泄訓練的階段，與控制感息息相關。艾瑞克森將這個時期命名為「自主行動 vs. 羞怯懷疑」，只要累積排泄等自行控制身體的經驗，孩子就會獲得自主性，否則就會感到羞怯並開始懷疑自己。

有些孩子因為受到父母的教養方式太有控制性，比如說排泄訓練過於嚴苛，孩子就會認為自己是無能的存在（自我肯定感低落），為了克服這一點，讓自己被父母看見，他們會盡可能努力追求自己所缺乏的能力（控制感），創造自己能夠加以控制的行為，並且逐步擴大這些行為的範圍。

母親將會遠離自己的分離焦慮

為了擺脫焦慮，強迫型人格的人有時會執著於某種想法或行為。在成年以後，特定事件也可能引發焦慮，此時他們就會採取強迫性行為來擺脫這種不安。這些成年後的強迫性行為，有時可以在記憶中已經模糊或完全被遺忘的兒時焦慮中找到原因。

嬰幼兒時期最典型的分離焦慮是害怕媽媽（主要照顧者）會離開自己的焦慮，如果沒能和媽媽（主要照顧者）建立穩定的依附關係，通常會產生長期持續性的焦慮，為了擺脫這種焦慮（不讓媽媽離開自己），孩子往往會嘗試各式各樣的方法，比如說為了獲得讚美認真打掃，抑或是遵守規則與秩序之類的行為。

出現抽動或妥瑞氏症

當焦慮的程度加重時，可能會表現出神經學上的症狀，比如說抽動（tic，指不由自主反覆出現的聲音或行為）和妥瑞氏症（tourette syndrome，指聲音與動作同時存在抽動的現象）。一般來說，抽動和妥瑞氏症會在學齡期兒童階段出現，在青少年時期自然消失，但是也有成年後持續存在的情況。將焦慮內在化的強迫型人格，可能會同時出現抽動與妥瑞氏症的症狀。

強迫型人格的角色很難與人建立關係，所以他們往往會在社交生活中表現出不適應的樣子，而且可能產生憂鬱與孤獨感，這會導致惡性循環，使他們的強迫性加劇，在最壞的情況下，有很高的機率會出現自我厭惡，抑或是建立親密關係時碰壁，甚至對自己與他人產生攻擊行為。

電影〈愛在心裡口難開〉（*As Good as It Gets*）中的梅爾文・烏戴爾（傑克・尼克遜飾）是一位極度討厭浪漫的浪漫作家，他有嚴重的強迫症狀，毫不避諱地表達對他人的厭惡。除此之外，他不會踩在人行道的裂縫上，也討厭動物或其他人觸摸自己的身體，甚至在去餐廳時也會攜帶自己的餐具，表現出各種強迫症的特點，發現住在自己隔壁的畫家賽門是同性戀後，他毫不掩飾自己的憎惡。儘管梅爾文因為強迫症經歷了許多波折，但是在與特定對象形成依戀關係的同時，也透過這段關係促成與其他人，以及這個世界建立友好關係的契機。

然而，強迫症有時會在不幸的依戀關係中形成，進而導致悲劇性的結局，比如說韓國電影〈逆倫王朝〉中的思悼世子（劉亞仁飾）就因為罹患難以穿衣的「衣帶症」強迫症狀，殺掉無數為自己穿衣的宮女與宦官。思悼世子因為父親英祖嚴厲又有攻擊性的管教，患上不敢穿衣服的強迫症，同時出於對父親的攻擊性大肆虐殺宮人，最終甚至計畫殺害自己的父親英祖，導致父子關係破裂，兩人的關係糟糕到就連三百年後的我們也知道。

強迫型人格的角色設定：在打破日常規則時會感到焦慮

與父母的關係、教養方式

在設定強迫型人格的角色時，父母保守或固執的嚴厲管教是必須條件。在老師、宗教人士或軍人家庭中，為了獲得父母的認可，孩子會將父母固執嚴厲的態度內化。然而，在內心深處，他們會因為忽視自身需求而產生強烈的焦慮，在面臨誘發焦慮的情境下，他們往往會表現得更加僵硬。

如果是第一個孩子，因為父母通常抱有很大的期待，希望能夠培養出完美的孩子，這種期待很容易導致孩子形成強迫型人格。在這種情況下，即使孩子滿足了父母的要求，也很少獲得稱讚、擁抱或笑容等情感上的獎勵。除此之外，無論出生順序如何，如果家中有患病或殘疾的兄弟姊妹，抑或是自己的某個行為與家人的事故或死亡時間有所吻合，孩子可能會將其歸咎於自己，並進行自我懲罰，從這個意義上來說，強迫型人格的角色會出於內在的罪惡感而試圖控制外界的事物。

脆弱狀態、衝突因素

強迫型人格的角色不喜歡意料之外的情境，當他們認為理所當然的日常規則遭到破壞時便會感到焦慮，與造成這種情況的對象之間的關係也會變得不穩定，甚至可能因為發現自己建構的世界不完美而感到沮喪和憂鬱。

如同所有故事一樣，強迫型人格的角色在故事開頭與結尾所呈現的面貌也該有所變化。如果故事開頭將強迫型人格的角色刻畫得有魅力又帥氣，那麼在故事後期，就應該帶到這個角色因內心的焦慮與被拋棄的記憶而感到混亂，抑或是在人際關係中遇到的問題。反之亦然，如果故事開頭透過負面的視角來呈現一個角色的強迫性思維和行為，那麼到了故事後期，這些強迫性的特質就應該大放異彩，幫助解決某事件或避免某危機發生。

特定情境下的行為

日常：完美又精緻的包裝

強迫型人格的角色帶有強迫性的一面，往往會透過他們看似完美又精緻的包裝來呈現，這種包裝巧妙地顯示了他們「假裝若無其事地維持日常」的生活方式。他們或許只是為了不讓人發現自己強迫性的特質，所以表演出完美的一面。在這個過程中，為了消除不可避免的壓力，他們可能會有屬於自己的逃避方式或嗜好，甚至擁有另一種身分面貌。因此，許多著名強迫型人格的人物都過著雙面生活，抑或是以自己創造出來的另一個身分做出戲劇化的行為。

他們的強迫性是完美執行專業工作的關鍵因素，同時也是隱藏自己雙面生活必要的特質與天賦。對於隱藏身分活動的超級英雄和連續犯罪者來說，因為需要維持真實自我與另一個自己的雙重身分，所以這種特質往往是不可或缺。

衝突：為了守住祕密生活下去所必須承擔的一切

如果想讓強迫型人格的角色持續參與作品中的重要事件，就需要一個融入社會、不會挑起爭端的「冷卻期」，也就是一個普通人的身分。為了維持這種雙重身分，利用其強迫性的特質來控制他們自身與其他角色的生活，不僅能為劇情發展增添緊張感，還可以成為促進故事高潮迭起的動力。

在DC漫畫中，有兩個角色就是過著這種雙面生活，但是在性格特點上卻有明顯區別，那就是超人和蝙蝠俠。兩人都是從小在失去照顧者的環境下長大，他們的共同點在於由此產生的心理創傷與害怕特定對象的弱點。然而，無論是氣場、目標意識還是個性，這兩個角色卻截然相反。尤其是蝙蝠俠，從童年到成年早期經歷的幾乎所有事件，對他來說都可以是產生強迫性行為模式的原因與結果。

犯罪：當完美主義導致他人受到折磨或自我毀滅時

當強迫型人格的角色違反某種規則或規範時，常常免不得讓人覺得「有必要做到這種地步嗎？」因為他們強迫性的特質，可能會將其犯罪手法推至極限。實際上，在一些花費大量時間才偵破的連續犯罪或手段殘忍的案件中，嫌犯強迫性的特質有時也會藉由犯罪側寫和現場的證據分析被揭露。

在犯罪後，為了銷毀自己曾在現場的證據，他們通常會停留數小時甚至數十小時，破壞現場的物理證據或屍體（方便隱匿或丟棄）。當犯罪證據近在眼前，面對可能被逮捕的風險，以及需要盡快逃跑的急迫性，在這樣的高壓情境下，這或許是常人難以理解的行為；

但是對於強迫型人格的人來說，為了不被抓住或完成事先制定好的犯罪計畫，一定要經過偽造和變造現場的程序，這種強迫性的特質與尋求安全感的本能相斥，形成了高強度的心理衝突，這段過程的描繪更能夠吸引人，也為故事的起承轉合賦予具體性和邏輯性。

強迫型人格的角色雖然會反映出超乎常人的一面，但是同時也會表現出卑劣與懦弱的一面，抑或是呈現自身內心宛如爆炸後的超新星般崩解的悲劇性。嚴格要求自我的高度執行力和完美主義的特質，也可能應用在折磨其他人和自我毀滅的情境裡；比如說無法接受前任要跟自己分手的決定，窺探對方社群平台或私生活的病態跟蹤狂；為了滿足自身扭曲的性癖好，隱藏自己的身分和意圖，專挑兒童、青少年和智力低下的人下手的性犯罪者。除此之外，覺得自己原本完美人生受挫的高階或專業工作離職人士、生意失敗的自營業者和在入學考試中失利的優秀考生沉溺於非法拍攝、賭博或藥物濫用，也是典型的例子。

與強迫型人格有關的關鍵字

#追求完美 #一定要做到 #不成功便成仁

#如果無法實現不如親手毀掉

#逃避不會讓事情變得更好

迴避型人格，小心謹慎、警戒心強的「繭居族」

在故事中，角色必須積極行動，與其他角色產生衝突。由於在衝突中角色必須經歷受挫並復原的過程，所以創作者通常會將主導故事的核心人物塑造為主動積極的角色。相反地，迴避型（avoidant）人格的角色則較為被動，會盡可能避免與其他角色發生衝突，寧願選擇孤身一人，因此當創作者將迴避型人格設定為主角時，需要積極探索角色的內心故事或痛苦的一面。

除此之外，與其他主動積極的角色發生衝突，或是迴避型人格的角色之間攜手合作的故事架構設定，都是值得考慮的手法，比如說電影〈充氣娃娃之戀〉（*Lars and the Real Girl*）描繪了主角拉爾（雷恩・葛斯林飾）從孤立走向社會關係建立的過程，就是很有創意的點子；韓國電影〈荒島・愛〉與荷蘭電影〈我是你的眼〉（*Blind*）也有針對拒絕社會價值觀的邊緣人之間的生活與愛進行闡述。

熟悉的事物總比陌生的全新情境要好

繭居族。喜歡獨處可能有各式各樣的原因，但迴避型人格主要源自於與他人互動的恐懼，他們害怕別人對自己產生的負面評價。

他們害怕陌生的情境或全新的經驗，寧願待在熟悉的環境以減少焦慮，傾向於避免與其他人見面，盡量不承擔社會責任。

雖然對於愛有強烈的渴望，但是他們更害怕被拒絕，所以常常經歷焦慮、悲傷、挫折等負面情緒，甚至同時伴隨憂鬱症、焦慮症（社交恐懼症），有時還會對少數親密朋友過度依賴，表現出依賴型人格障礙的特點。

迴避型人格的人從小開始就特別害羞，害怕陌生人與全新的情境，經常一個人獨處，沒什麼朋友。這些特點通常在青少年時期到成年初期較為明顯，到了成年以後會有逐漸緩和的趨勢。

〈充氣娃娃之戀〉的主角拉爾個性內向，不喜歡與人互動，甚至為了減少見到人的機會，在父親過世後把房子給了哥哥和嫂子，自己則生活在車庫裡。在職場上，他拒絕回應同事瑪爾（凱莉・嘉納飾）的示好，就連與哥哥夫妻倆共進晚

餐都感到不自在。

有一天，拉爾收到一個可疑的包裹，裡頭裝著一具成人充氣娃娃，拉爾把充氣娃娃取名為「比安卡」，將它當作是真人一樣對待。擔心拉爾的哥哥和嫂子帶著比安卡一起去醫院，醫師觀察拉爾和比安卡的互動，表示拉爾雖然有妄想的情況，但是這樣的精神疾病並不需要迫切的治療，建議哥哥夫妻倆可以像對待拉爾一樣，把比安卡視為真人對待。因此，哥哥和嫂子找了鎮上的居民和拉爾的同事，拜託他們將比安卡當作真人對待。

後來，鎮上接受比安卡作為一個真人存在，起初感到尷尬的居民在看到拉爾因為比安卡開始與人互動後，也變得更加熱情。當拉爾和比安卡一起定期到醫院看診時，醫師發現了拉爾內心深處的創傷，那就是母親在自己出生時難產去世，導致他迴避與人互動，只要觸碰到其他人的皮膚，身體就感到疼痛。

這部電影講述了具有強烈迴避型人格的角色從察覺自己內心創傷，到恢復與人們連結的過程。雖然拉爾經歷了把充氣娃娃當作真人的妄想階段，但憑藉著周圍角色溫暖的包容，以及他自身一點一滴的努力，終於逐漸學會面對現實。

具有迴避型人格的人總是表現出害羞又小心翼翼的樣子，說話緩慢而不自然，且經常猶豫不決。雖然他們通常不會做出引人注目的行為，但是偶爾會出現意想不到又迅雷不及掩耳的突發性行為。他們害怕一切潛在的威脅，容易大驚小怪，畏懼其他人的訕笑與指責，如果情況嚴重，甚至會退縮到深居簡出的情況。

他們的情緒不會顯露在外，而是在內心以豐富的幻想和想像形式開枝散葉，對於與別人交流或愛的渴望有時也可能透過詩歌或音樂表現出來。

雖然迴避型人格的角色自我意識強烈，但是往往缺乏自我肯定感。他們害怕別人的負面評價，同時也過度貶低自己的成就，導致自我孤立以及對生活的空虛感。

〈荒島・愛〉中的金姓女主角（鄭麗媛飾）因為外貌成為被排擠的對象，這樣的打擊使她變成一個繭居族，不僅足不出戶，甚至連家人都避不見面，只在狹小昏暗的房間裡生活。她與外界互動的唯一方式是透過網路和照相機，在網路上，她創造了一個虛擬的自己，享受被其他人愛戴的感覺，在每年兩次的防空演習日，她會用照相機來觀察一切靜止的世界，這部電影的有趣之處在於「如果兩個與世隔絕獨自生活的角色是唯一注意到彼此的人會怎麼樣」的問題。

電影中的金姓男主角（鄭在詠飾）試圖自殺，結果受困於漢江的小小無人島「栗島」上，金姓男主角起初還想逃離栗島，但是在一連串的嘗試後失敗了。金姓女主角在拍攝防空演習日靜止的世界時，發現了被困在栗島的金姓男主角。在觀察金姓男主角一段時間後，金姓女主角決定結束三年的繭居生活，踏出家門衝到漢江傳送訊息。

然而，這不代表金姓女主角就這麼戲劇性地永遠離開了那個房間，她後來還是回到了房間裡，但是在這段過程中，她逐漸發生了改變。在那之後，金姓男主角在泥土上留下巨大的訊息，金姓女主角則避開人群到漢江將訊息塞進瓶子裡扔出去進行溝通。正當兩人透過簡短的英文訊息慢慢建立關係時，有執行公務的工人登上栗島，將金姓男主角趕出了栗島。在栗島這個與自己原本生活的世界分離的地方第一次找到平靜的金姓男主角再次陷入絕望，搭上公車準備前往六三大廈跳樓自盡。

後來，金姓女主角為了見到金姓男主角，開始追著公車跑，但還是慢了一步，只能目送金姓男主角乘坐的公車離開。就在此時，防空演習正好開始了，道路上所有車輛紛紛停了下來，金姓女主角也得以搭上公車與金姓男主角見面。

在電影的結尾，兩個人向對方打招呼，也首度透露了彼此的名字。兩個在物理與心理上與世隔絕的人，在互相認識與交流的同時，又藉由對方的存在逐漸復原，這部電影仔細地描繪了整個過程，這不是一個優秀的人改變世界的故事，而是一個人去了解另一個人的世界，小心翼翼地進行交流，一步步拯救彼此的故事。

無意識的行為與欲望

迴避型人格的角色因為畏懼他人的評價，所以會透過幻想（想像）來填補在現實中無法滿足的欲望與心願。在幻想中，他們得以滿足自己的各種渴望，不需要與別人見面，也不需要害怕他們可能給出的負面評價。獨處能夠為他們帶來安全感，另一方面，缺乏社交的孤獨感只能透過幻想來填補，這種幻想有時也能孕育出優秀的作品。

電影〈尋找新樂園〉（*Finding Neverland*）描寫童話故事《彼得潘》（*Peter Pan*）的原作者成為劇作家的過程。劇作家詹姆斯・巴里（James Barrie，強尼・戴普飾）總是對社交場合感到不自在，即使是他唯一的家人——妻子，也沒辦法進行深入的交流，只能一面維持表面的社交關係一面埋頭寫作。他好奇觀眾如何評價自己的劇作，所以當舞台上在表演時，他會躲在幕後偷偷觀察觀眾的反應，另一方面，在面對自己受到注目的場合時，他時常感到不知所措。

後來，詹姆斯在散心時偶然遇見了女主角席薇亞與孩子們，刺激了他的靈感，尤其是對於其中一個名叫「彼得」的孩子產生了特別的印象。這次的相遇激發了詹姆斯的靈感，他決定創作一部兒童劇，並以該孩子的名字命名為《彼得潘》。然而，正如同電影中彼得的台詞一樣，《彼得潘》中的「彼得」實際上就是詹姆斯本人，是他將停止長大的自己具象化為「彼得」這個角色。

在詹姆斯完成《彼得潘》這齣兒童劇後不久，席薇亞因病離世，並在死前將詹姆斯指定為孩子們的監護人，而詹姆斯也決定成為孩子們的監護人。這個決定讓他藉由孩子們客觀審視自己，也為了孩子們努力擺脫自己的迴避型傾向，主動與人建立關係。

為什麼會產生迴避型人格呢？

內向又小心翼翼的特點源自於家族病史

迴避型人格十分內向又小心翼翼的特點，可能與家族病史有一定程度的關聯。他們的性格通常較為靦腆壓抑，如果對於外界威脅太過敏感，有時即使只是微小的威脅，也會讓他們的交感神經系統過度興奮。在日常生活中，頻繁不愉快的經驗也會導致他們處於高度緊張的狀態，甚至表現出警戒的態勢。

父母的過度干預所引發的羞怯感

引發過多羞愧感與罪惡感的教養態度是形成迴避型人格障礙的主因，從兩歲左右開始的排泄訓練可以讓孩子體驗控制自己身體的自主性，但是如果父母過度干預，則會引發孩子的羞怯感（艾瑞克森的「自主行動vs.羞怯懷疑」階段）。隨後從大約四歲起，孩子們的認知能力和身體能力會獲得發展，開始試圖取得行為的主導權，此時父母過度的限制也會引發孩子的罪惡感，導致孩子缺乏主動性，形成對他人評價太過敏感的性格（艾瑞克森的「自動自發vs.罪惡感」）。

負面的自我意象導致人際關係的迴避

羞怯感與負面的自我意象息息相關。童年產生的羞怯感，往往會讓孩子造成「我什麼都不會」、「我什麼都做不好」等負面的自我意象，害怕來自他人的負面評價，不願意接觸人際關係與陌生的情境。這點導致他們對社交關係持續性的迴避，並且因為自卑而陷入痛苦。由於過度的自卑，他們盡可能不引起其他人的注目，容易對偶然聽見的負面評價大驚小怪，只能選擇獨處或迴避來遠離這種狀況。

在荷蘭電影〈我是你的眼〉中，瑪麗（哈琳娜・瑞金飾）是一位白化症患者，由於童年時受到虐待，所以在臉和身體上都留下了很深的疤痕，且因害怕他人注視自己的目光，還總是用衣服包裹住全身。

魯班（尤倫・塞德斯勞茲飾）在後天逐漸失去視力，難以接受這個事實的他在痛苦中胡亂破壞物品，表現出激烈的行為，甚至連母親為他僱來讀書的人都被他粗暴地對待；除了瑪麗以外，其他人都堅持不了多久就辭職了。經歷過艱苦童年的瑪麗控制住魯班，並且協助他適應失去視力的生活，母親看到兒子平靜下來，便謊稱瑪麗是一位美麗的女孩，讓魯班更加聽從瑪麗的話。後來，魯班準備接受恢復光明的手術，魯班的母親便拜託瑪麗離開。隨著視力逐漸恢復，魯班開始努力尋找瑪麗，結果偶然在圖書館聽見瑪麗的聲音，並且認出了她。

然而，瑪麗認為恢復視力的魯班不可能會喜歡自己的外貌，於是決定離開魯班。更糟糕的是，魯班的母親也因病去世，留下魯班孤身一人。媽媽臨終前把瑪麗的信留給魯班，魯班讀完後才了解到瑪麗迴避他人的緣由以及她對自己的愛意。

此時魯班意識到「真愛是盲目的」，於是自己將眼睛戳瞎，選擇再次失去視力，等待著瑪麗歸來，電影也就此告終。

當迴避型人格變成一種病時

他們極度內向，不擅於自我表達，因為在建立人際關係時容易遇到困難，所以有很高的機率罹患憂鬱症、焦慮症，特別是社交恐懼症。長期在人際關係中感到緊張和自卑會讓社交恐懼症惡化，甚至封閉自我，變成與世隔絕的繭居族。即使沒有到這種程度，具有迴避型人格的角色在選擇職業時，通常也會選擇那些不需要與人頻繁接觸的工作。如果他們長時間獨處，很可能會加重妄想的症狀，甚至發展成妄想症。就如同〈充氣娃娃之戀〉裡的拉爾一樣，將內心的衝突投射到妄想中。

迴避型人格的角色設定：對於社會責任的極大壓力

與父母的關係、教養方式

在設定迴避型人格的角色時，應該強調父母容易引發羞怯感與罪惡感的教養態度。如果父母對孩子的要求過高，孩子往往會因為自己的行為始終達不到標準而產生羞怯感。如果父母有完美主義或需要滿足周圍高標準期待（長孫、背負家庭命運的長子、兄弟姊妹是身障人士等）下，就可能產生這樣的教養環境。

脆弱狀態、衝突因素

在即便不情願也必須面對的情境下，抑或是被迫擔負某種社會責任時（想迴避卻無法迴避的強制性），具有迴避型人格的人往往會承受極大的壓力。除此之外，他人的負面評價也會使具有迴避型人格的人更加畏縮不前。

在幼兒和青少年時期，很容易出現因為他人評價而造成的心理創傷。正如同〈荒島・愛〉中的金姓女主角一樣，青少年時期是建立自我認同感的時期，也是對別人目光最為敏感的階段，此時產生的心理創傷也可能導致人們自我孤立，成為繭居族。

如果一個人在童年經歷虐待或失去照顧者的心理創傷，通常會對其他人抱持高度的緊張感，當這種特點固定在人格上，往往會轉化為迴避型人格，有時也會如同〈我是你的眼〉中的瑪麗與〈充氣娃娃之戀〉裡的拉爾一樣，因為童年時期的創傷將自己視為毫無價值的存在，總是認為別人會傷害自己，對人際關係採取迴避的態度。

在奇幻題材的作品中，迴避型人格可以用於強調種族特性、事件的悲劇性或角色的孤獨。在次文化體裁中則被稱為「壽命論」，描繪短暫的生命與永生的存在交織在一起時，必然會發生的悲劇；壽命較短的一方先行離開，永生的存在則孤獨地留在原地。另一種劇情題材是，長久以來對人生採取迴避態度的長壽種族遇見比自己短命的存在，並且建立了雖然短暫但是激烈而美麗的關係，在與對方分開後，只能靜靜回憶著度過餘生。

在日本動畫電影〈道別的早晨就用約定之花點綴吧〉中，有一個種族叫做「伊歐夫」，他們能夠保持青少年的外表生活數百年之久。他們遠離塵囂靜靜地織著布，過著隱居的日子。有一天，一批軍隊為了得到伊歐夫族長壽的血統發動侵略，村子也遭到破壞，主角伊歐夫族的少女瑪琪亞只能倉皇逃跑，在逃跑的過程中，她發現了與自己同樣失去至親的人類男嬰，於是她決定成為男嬰的母親，來到人類世界孤軍奮戰。

對於失去一切的她來說，撫養以朋友蕾莉亞的名字命名的兒子艾瑞爾是她人生唯一的目標與喜悅。瑪琪亞在家鄉是孤兒，她很愛哭，是個連對喜歡的男生告白都不敢的膽小少女，但是為了兒子艾瑞爾，她成為了無所不能的母親，還發誓為了艾瑞爾自己絕對不會再哭泣。

然而，隨著艾瑞爾的成長，始終維持少女外表的瑪琪亞漸漸無法再與他扮演母子的角色，只能每過幾年就搬一次家，假裝成兄妹過日子。進入青春期以後，艾瑞爾拒絕將看起來與自己年紀相仿的瑪琪亞當作母親看待，最終獨立成為了一名軍人。歷經各種事件與歲月的流逝，依然保持少女模樣的瑪琪亞見到即將死去的艾瑞爾，艾瑞爾發現是瑪琪亞後，安詳地斷了氣。瑪琪亞雖然平靜地接受兒子的死亡，但最終還是忍不住哭了出來，隨後再度啟程前行。

特定情境下的行為

犯罪：可能性不大

具有迴避型人格障礙的人會迴避人際關係與陌生的情境，所以不太可能犯罪，或是與犯罪扯上關係。他們的目標是最小化損失，而不是追求巨大的利益，所以不太會以自我為中心，也會在自己能掌控的範圍內積極地改變周遭環境。雖然迴避型人格的角色害怕別人的侵犯，經常會在保持一定距離的條件下展現友好的態度，但是因為他們很難對陌生人敞開心扉，不會積極表現自我，所以很容易在無意間受到誤會。

由於他們容易受傷，因此也很了解別人受傷的感受，當群體出現問題時，他們往往能夠提供穩定而保守的解決方案。他們提出的解決方案通常是不會讓群體內的任何人受到傷害的明智策略，不會太過勉強，也不需要有人犧牲[15]。迴避型人格的角色更像是守護整個環境與群體的人物而非犯罪者，當他們遇到積極支持自己的夥伴時，就可以最大限度地發揮內在的優點。

與迴避型人格有關的關鍵字

#含羞草 #邊緣人 #不要靠近我 #我不值得 #刺蝟困境 #我不想受傷

依賴型人格，為了得到認可什麼都做得出來的「盲目跟班」

具有依賴型（dependent）人格的人傾向於從別人身上尋找內在焦慮的解方，這種人格特點所導致最糟糕的下場，就是與具有剝削性的人物扯上關係，為了獲得對方的認可或關愛，他們或許會做出對社會造成危害的事情。

他們可能是會為了老大而殺人的黑道，也可能是為了心愛之人的虛榮跑去偷東西的小偷，甚至可能是按照教主的指示從事極端行徑的狂熱信徒。在連續劇或電影中，他們也缺乏「我為什麼要這麼做」的反思，通常是反派角色的跟班，以配角的身分與主角對立。對於沒有反思與轉變的角色，觀眾往往很難產生共鳴。

雖然依賴型人格的角色通常以配角或跑龍套的角色登場，但是如果創作者能夠更深入地觀察他們的內心，並且加以發揮，就能夠描繪人類在強大的他者與特定情境下是如何被掌控的。「懦弱」是每個人都擁有卻不願坦承的特質，而依賴型人格的角色則用盡全身力氣將其表現出來。他們在沒有可依賴對象時，會產生巨大的恐懼與焦慮，並且試圖尋找依賴的對象。韓國連續劇〈機智牢房生活〉中的小嘍囉（安昌煥飾）由於組織的命令惡意折磨金濟赫（朴海秀飾），後來在偶然的契機下受到濟赫的領袖魅力所感化，成為了濟赫忠誠的小嘍囉，展現出無與倫比的忠心。小嘍囉從未自己主動做過任何事情，需要有人告訴他應該做什麼。

具有依賴型人格的人會由於內心的焦慮而深陷痛苦，迫切地渴望採取行動來擺脫這種狀況，這點與強迫型人格類似，兩者之間的差異在於，具有強迫型人格的人會試圖透過確實掌控自我與周圍環境來緩解焦慮，具有依賴型人格的人則是會藉由完全依賴他人來緩解焦慮。依賴型人格與強迫型人格在自我獨立方面完全相反。因此，只要將人物置於混亂的情境，抑或是被依賴對象牽著鼻子走的劇情設計，創作者便能夠藉由依賴型人格的角色生動地刻畫人類的脆弱性，也可以描繪出當人類停止自主思考時會產生的故事。

依賴他人尋求保護

具有依賴型人格的人就像媽寶，自己做不了決定，總是過度依賴別人尋求保護，對一切都缺乏自信，不能獨立生活。他們把自己視為極度脆弱的存在，無法自行解決任何事情，只能尋找可供依賴的人。在找到可依賴的對象後，便會表現出非常順從的態度，且在社交生活表現得很消極，對於承擔責任感到抗拒，甚至乾脆逃離自己應該負責的崗位，遇到需要做決定的時候便會感到焦慮。在承受壓力時，他們會感到無助甚至哭泣，處於一種慢性疲勞的狀態，只要稍微耗費心神就需要休息。因為對於疲憊感到害怕，所以他們往往不敢嘗試新的工作，也容易喪失對性生活的興趣。

這是人格障礙中最常見的一種，女性的診斷案例多於男性，經常會伴隨邊緣型、迴避型、戲劇化（表演型）、類思覺失調型或思覺失調型人格障礙同時出現，有時也會與憂鬱症、焦慮症、厭食症等飲食障礙疾患並存。

韓國驚悚電影〈陷阱〉中的丈夫東佑（朴埇佑飾）雖然已婚有妻子，卻是一個覺得母親（尹小晶飾）幫自己洗澡是理所當然的媽寶。母親幫年幼的孩子洗澡雖是理所當然，但是隨著我們成長到了學會區分自我與他人的階段，除了會自己洗澡以外，也會嘗試做其他的事情，試圖與餵食自己、幫自己洗澡、哄自己睡覺的母親分離。然而，〈陷阱〉裡的東佑就是與母親分離失敗的角色，之所以說「失敗」，是因為電影中有一個場面是東佑的妻子秀珍（崔智友飾）看到婆婆幫丈夫

洗澡後嚇了一跳，對丈夫表示這樣很奇怪，丈夫則說這全都是為了母親，因為如果自己洗澡，母親就會很難過。

雖然這可能有點誇張，但是媽寶可以說是在父權價值觀與韓國長期以來重男輕女的思想下，加上唯有生兒子才能受到尊重的母親們所創造出來的依賴型人格類型之一。媽寶在母親與妻子之間往往做不了決策，容易引起衝突，也因為始終無法脫離原生家庭，所以無法作為一家之主發揮獨立的功能。

將自己的需求投射在子女身上，使其不得不依賴自己的教養型態，已經隨著時代推移逐漸變化，但是這種親子之間緊密而病態的關係仍舊持續。現在的小孩很多都是獨生子或獨生女，父母會參與子女的學業、兵役、就業、婚姻生活甚至信仰，造就了許多過分干預、保護子女生活的「直升機父母」，以及用來形容年輕人到了一定年紀依舊無法獨立，離不開父母育兒袋的「袋鼠族」。

行為特徵

依賴型人格的角色會表現出脆弱的模樣，希望能夠引起對方的支持和保護，他們所追求的對象是值得依靠的人，不僅有能力負擔他們的食衣住行，還能讓他們不需要承擔大人的責任，無條件保護他們，只要有了這樣的保護者，依賴型人格的人看起來就會很合群、溫暖且樂於合作。

然而，一旦缺乏關愛和保護，他們就會變得脆弱、緊張且沮喪，除此之外，如果被依賴的對象拋棄，就會產生巨大的挫折感，難以接受現實。因此，為了不被依賴的對象拋棄，他們會表現出順從與獻身的態度，甚至感到愧疚或用許多話語來迎合對方的喜好。在與依賴的對象分開時，會暫時感到混亂，但很快就會找到另一個依賴對象，並建立類似的關係。他們基本上很單純，很容易被說服，也容易被利用，總是看到別人好的一面，有時為了隱藏自己依賴的渴望，會拿自己的疾病或不幸的過去作為擋箭牌。

韓國作家孔枝泳的小說《鳳順姊姊》中，名叫鳳順的女子以女傭身分來到主角家，她是一個非常善良的人，卻也因為太單純，很容易相信別人的話，所以是個「容陷愛」（容易陷入愛情的人），總是輕易就把自己的心交給周圍的男人，導致自己身心俱疲，卻仍然反覆陷入愛情而離家出走。隨著時間的流逝，主角在地下鐵偶遇變成流浪漢的鳳順，但他選擇無視鳳順充滿希望的眼神下了地鐵。

在日本電影〈令人討厭的松子的一生〉中，原本被寄予厚望的教師松子（中谷美紀飾）因為一場偶然的事件遭到解聘，從而離家出走。松子不斷尋找愛她的男人，甚至殺人入獄，出獄後的她夢想著成為一名美容師，卻與當年害自己遭到

解聘的學生糾纏在一起，去當夜場歌手、走私毒品、賣春等，被別人徹底利用，最終遭到拋棄，一個人孤獨地死去。

無意識的行為與欲望

具有依賴型人格的人往往會對於被拋棄感到過度焦慮，因此他們會極端地全心投入在重要的他人（significant others）或依賴的對方身上。另外，他們會試圖藉由對方的認同與照顧來解決自身的無能，過度依賴的行為可能會使對方產生沉重的壓力。由於這種過了頭的依賴性，他們往往很難保持一段穩定的關係，抑或是只能單方面被其他人剝削。

為什麼會產生依賴型人格呢？

性情的脆弱性

如果天生體弱多病，從小在父母與周遭的保護下長大，就會形成依賴型人格，從生物學的角度來看，與情緒控制和動機等要素有關的邊緣系統過敏會引發強烈的緊張與恐懼，進而形成依賴性。

父母的過度保護

當父母過度保護孩子，不認可他們的自律性與自主性，甚至對於依賴行為給予獎勵時，就會讓他們產生依賴他人的行為模式。容易焦慮和急躁的父母，抑或是具有完美主義傾向的父母，通常很難有耐心等待或忍受孩子自主採取行動，便會代替孩子把事情做好或進行決策，習慣了這一點的孩子自我肯定感低落，長大成人後就會淪為對父母唯命是從的工具，無法掌握自己生活的主導權。

在父母的全面支持下，表面上他們看起來可能在社經地位上取得成功，但是這些其實並非透過他們自身的努力而達到，所以只要遇到一點小危機，就會顯得手足無措，試圖尋找可以完全依賴的對象，而非憑藉自身的力量來解決。

缺乏自律性與自主性經驗的教養方式

缺乏自律性與自主性體驗的教養方式會讓孩子產生依賴性，有些父母雖然宣稱要培養孩子獨立自主，但是實際上當孩子嘗試獨立達到某件事情時，又代替孩子全部完成。這種教養方式會導致孩子的分離焦慮，以及對於掌控感的喪失，在長大成人後也無法自行決定任何事情，將一切都交給父母打理。

當依賴型人格變成一種病時

在與被依賴的對象分開，抑或是被拋棄時，具有依賴型人格的人可能產生憂鬱症或焦慮症，甚至因為找不到依賴的對象而陷入藥物中毒。

依賴型人格的角色設定：認為自己很無能所以什麼都做不了的思維

與父母的關係、教養方式

在設定依賴型人格的角色時，父母過度保護的要素不可或缺。這點可以分為兩種情況，一種是由於孩子體弱多病，所以時時刻刻都需要照顧；另一種是父母的性格（完美主義等）導致他們不承認孩子的自主性。除此之外，由於容易焦慮的特質，童年時期與父母（主要照顧者）分離的經驗往往會讓孩子感到非常痛苦，難以建立穩定的依附關係，甚至沒辦法完成「分離－個體化」的階段，這點也可以設定為角色具有依賴型人格的原因之一。

因為童年時期體弱多病的經歷，導致孩子慣於接受照顧，長大成人後也會將自己的生理脆弱性訴諸身邊親近的人，並且要求對方持續照顧自己。即使沒有這麼做，他們也會將重要的決策交給父母，或者認為自己很無能，什麼都做不了，所以在成年後依然像小時候一樣，在經濟和心理上依賴著父母。

脆弱狀態、衝突因素

如果被依賴的對象因為他們的過度依賴感到不堪重負而離開，依賴型人格的角色就會產生嚴重的心理混亂。當依賴型人格同時具有邊緣型人格障礙時，對於對方即將離去的焦慮，甚至可能出現衝動和危險的行為。

如果依賴型人格的個體遇到帶有剝削性（反社會型、自戀型人格）或反覆無常、極度不穩定的對象（戲劇化人格、邊緣型人格），他們只能把自己的一切奉獻給對方，如此一來無異於打開了地獄之門，因為他們相信，自己的自卑感只要得到別人的認可就可以解決，所以他們往往會不惜一切來尋求別人的認可。

如果安排反社會型、自戀型的偽宗教領袖類人物與依賴型人格的角色相遇的劇情，可以描繪出他們在相互影響的同時，如何製造出悲劇。

在小說《冰與火之歌》和連續劇〈權力遊戲〉中，詹姆・蘭尼斯特不僅擅長劍術，而且相貌英俊，口才出眾，無論是在故事裡，還是在讀者與觀眾之間都有很高的人氣。詹姆殺害了阻礙瑟曦・蘭尼斯特實現欲望的人物，瑟曦作為一個邊緣型人格的角色，她讓詹姆受到忽冷忽熱的折磨，同時又被名為「命運」的鎖鏈所束縛，完全擺脫不了瑟曦。詹姆是一個除了滿足瑟曦以外，不確定自己真正想

要什麼的角色，雖然擁有許多吸引人的特點，卻也和瑟曦一起將圍繞著自己的世界帶向毀滅。

徒利家族的次女，同時也是凱特琳・史塔克的妹妹萊莎・徒利是一個純真顧家的少女，一直單戀著培提爾・貝里席。然而，在發現培提爾喜歡的是自己的姊姊後，她感到很沮喪，於是趁培提爾跟凱特琳告白失敗喝得酩酊大醉時，溜進培提爾的床，與把自己當成凱特琳的培提爾共度春宵後懷孕。結果，得知這一消息的父親霍斯特・徒利強迫萊莎墮胎，導致她的身體受到嚴重的損害，最後嫁給了年事已高的瓊恩・艾林。在歷經多次流產後，萊莎終於生下了一個兒子，名為勞勃・艾林，瓊恩・艾林按照貴族的風俗，想將兒子送到蘭尼斯特家族寄養，但在培提爾・貝里席的慫恿下，她毒死了瓊恩・艾林，以徒利家族攝政者的身分過度保護兒子，並且糾纏著培提爾，然而培提爾・貝里席在利用萊莎對兒子盲目的愛與依賴滿足自己的欲望後便將她殺害。

特定情境下的行為

犯罪：容易受到煤氣燈效應影響的類型

就如同〈令人討厭的松子的一生〉中的松子一樣，依賴型人格的角色可能會與具有剝削性的人物扯上關係，甚至被迫參與犯罪，成為犯罪事件的犧牲者。除此之外，具有依賴型人格的人也是最容易受到煤氣燈效應（gaslighting）影響的類型。最近在媒體或各種節目中經常可以聽到「煤氣燈效應」這個名詞，其特點是當被害者試圖釐清受害事實時，加害者會出手阻撓被害者，並將受害事實怪在被害者頭上，抑或是讓被害者認為是自己太敏感。透過讓被害者懷疑自己的想法和不適的情感，使加害者能夠操縱他們的行為，抑或是得到他們的默許，這就是煤氣燈效應的核心。具有依賴型人格的人由於缺乏自信，又常常依賴別人，所以很容易成為煤氣燈效應的犧牲者，甚至是犯罪事件的共犯。

長期遭到家暴，處於「習得性失助」狀態的受害者，尤其是加害者的配偶，通常很難擺脫這種有毒的關係，只能乖乖待在加害者的控制範圍；還可以看到很多連子女都對加害者的虐待袖手旁觀，甚至給予協助的案例。在家暴事件中，當受害者提起自己受到虐待時，不少家人會袒護加害者，或表示「你忍耐一下就好了，幹嘛這麼大驚小怪」，阻止受害者報案，此時壓迫受害者的人，大多是加害者本人或依賴於加害者的其他家庭成員。

然而，這種病態的依賴關係，最終往往會透過極端的方式被打破，比如說長期遭受虐待的妻子殺害丈夫的情況就是其中之一。在監獄裡服刑的女性殺人犯，大部分都是殺害丈夫的人，因為長期無法擺脫遭受虐待的關係，就趁丈夫入睡或喝醉酒動彈不得時趁機下手，在「動機有計畫性，但在機會方面處於偶發的狀態」下將其殺害。如果丈夫在對妻子施暴時將其殺害，以偶發型犯罪為藉口通常很難證明其故意性，法理上通常會認定其沒有蓄意殺人的嫌疑，而是以施暴致死、傷害致死等方式來解釋。反過來說，如果妻子殺害丈夫，在大部分的情況下，會因為其動機具有計畫性為由，被判定為早有預謀的殺人罪，從而需要服刑更長的時間。有很多這類型的犯人都表示，她們對於殺害丈夫的罪行不感到後悔，因為唯有殺了對方才能擺脫病態的婚姻生活，但是她們依然深愛著丈夫，兩人也曾有過幸福的時刻。

與依賴型人格有關的關鍵字

#不要丟下我 #我沒有他就活不下去 #我沒有你就死定了 #被利用也無所謂 #我一個人要怎麼活 #我把自己交給你

第 4 章

防禦機制，操縱人類本能與情感的武器

防禦機制是佛洛伊德提出的概念，指的是個人在焦慮或痛苦的狀態下，為了保護自己而無意識產生的思維或行為模式。

根據性格的結構特性、追求的價值觀與欲望等因素，每個人使用的防禦機制也會有所不同。因此，了解防禦機制可以幫助創作者塑造出立體且引人入勝的角色與情境敘述，同時在可見的領域（人物的心理描寫與行為）和不可見的領域（角色無意識的人格特性與欲望等因素）做出合理的設定，從而達到說服讀者與觀眾的目的。除此之外，在每個文化與個體所屬的社會群體中，能夠容忍或排斥的情感各有不同，而且防禦機制的表現模式和使用頻率，也會根據個體受到的文化薰陶或社會群體的影響而有所差異。

防禦機制是處理本能與情感的重要工具，通常會在無意識中運作，可能是病理症狀的表現，也可能是適應性的機制[16]。從精神疾病的患者到具有成熟人格的成年人，都會為了緩解心理上的不適而使用防禦機制。然而，即使是成熟的個體，也不見得每次都會使用成熟的防禦機制。

頻繁使用不成熟的防禦機制可能會妨礙一個人掌握自己的潛力與極限，導致對於現實無法建立正確的認識和判斷。因此，如果創作者能夠掌握防禦機制，有助於深入描繪各種登場人物之間的衝突，以及角色成功和失敗的過程。

投射，將自身的欲望與情感推給別人

「他故意撞我肩膀，就是想惹我生氣。」
「她穿短裙，就是為了引起我的注意。」

「投射」（projection）是一種常見的防禦機制，會將自己不願意承認的欲望或情感歸咎於他人，通常是自卑感、罪惡感、恐懼、憤怒、性慾等折磨個人的情感，這可能是暫時的，也可能會持續不斷。如果持續不斷，就會形成一種對於特定對象的偏見或固定概念，建立缺乏實際根據卻堅定不移的價值觀。

「投射」這種現象在日常生活和社會上各個方面都會發生，可能是把自己的欲望和情感擴張到「人類」或「韓國人」等自己所屬的群體，抑或是轉嫁到站在自己對立面的群體上。

當投射擴張到「神靈」等抽象的領域時，可能會在投射中產生強烈的妄想，進而完全放棄對於現實的驗證，演變成「妄想性投射」（delusional projection）。

投射很容易引起大大小小的衝突，其危險之處在於，加害者往往會從受害者身上尋找施加暴力的理由和正當性，這點可以在〈奪魂鋸〉中拼圖殺人魔的行為中得到驗證。拼圖殺人魔是具有明顯偏執型人格和反社會型人格的角色，他將自己變成癌症末期患者的憤怒，投射到他覺得浪費生命，對於「活著」不知感恩的對象身上，所以他製作了可怕的「生存遊戲」，綁架並強迫這些人參與遊戲。儘管自己即將面臨死亡的痛苦並非源自於受害者，但是拼圖殺人魔建立了一套屬於自己的邏輯，將自己的痛苦放大了數倍，甚至數十倍，並且轉嫁到這些受害者身上。電影中有許多描寫拼圖殺人魔展開「懲罰」的場景，簡直就像「神」一樣，但這不過是他試圖以最糟糕的方式擺脫自身的無助感，只要仔細觀察的話，不難發現其邏輯上有很明顯的跳躍和缺陷。

使用投射作為主要防禦機制的人，雖然對於自身情感和欲望有清楚的認知，但是他們的自我意象狹隘而僵化，甚至不願意承認這些情感和欲望屬於自己，因此難以建立成熟的人格。反過來說，如果能夠完全接納自己的欲望、情感以及來自他人的刺激，對於成熟的人格形成將會產生正面的作用。

另外，還有一種與投射完全相反的防禦機制叫「內射」（introjection），會將從外界觀察到他人的情感與行為當作自己的，並進行模仿，與投射截然不同的是，內射作用完全無視自身的情感和欲望。內射以放棄對於自我的認知為代價，當一個人試圖從屬於某個特定群體，或是像孩子一樣完全依賴別人獲得安全感時，往往就會採取這樣的防禦機制。

內射會將害怕對象擁有的特點視為己物，下意識地嘗試藉此緩解恐懼。舉例來說，小時候受到父親虐待深陷痛苦的角色在內射作用下，長大成人後也會成為對自己孩子施暴的父親。內射與投射同樣會妨礙成熟人格的建立，然而不同的是內射會壓抑自己原有的情感或欲望。在人類的成長過程中，嬰幼兒時期會自然而然地將自己的欲望「投射」到外界，到了青少年時期社會化的階段，又會透過「內射」模仿群體的價值觀或周遭朋友的行為特點，最終在成年後學會分辨自己的欲望與別人的欲望。如果長大成人後還是無法區分，這樣的思維就很容易引發焦慮，以至於頻繁使用不成熟的防禦機制。

- 與投射有關的人格類型：偏執型人格、反社會型人格、邊緣型人格
- 與內射有關的人格類型：依賴型人格

否認，拒絕接受眼前的現實

「不，他才沒有死。」

「不對，這不是我做的吧？」

「否認」（denial）是一種即使不熟悉防禦機制的人，也可以輕鬆辨識出來的防禦機制。當個體面對與他們期望或價值觀互斥的事件，從而在心理上感到不適時，就會拒絕接受眼前的現實。

防禦機制「潛抑」（repression）是雖然對於事件有所認知，卻會將產生的情感與感受壓進潛意識裡，不讓自己察覺到其存在，而「否認」則是壓根不承認事件本身有發生過。

當一個人採取「否認」這種防禦機制，周圍的人很容易就能夠發現，但是要讓這個人正確體認現實，則是一項艱鉅的任務。在精神病理學家伊莉莎白・庫伯勒－羅斯（Elisabeth

Kübler-Ross）接受死亡的五個階段（否認、憤怒、討價還價、沮喪、接受）中，就提到當人們面對親近之人的死亡時，第一個產生的情感階段就是否認，因為否認是人們在衝擊下保護自己最常用的一種防禦機制。在當事人摸索出面對現實的應對方式前，也可能會暫時出現否認的現象。

在舞台劇〈鹿特丹〉（*Rotterdam*）中，愛麗絲寫了一封郵件，打算向父母坦承自己是女同性戀，但由於始終提不起勇氣按下送出，只好暫存在草稿箱裡。得知此事的萊拉尼在愛麗絲的草稿箱裡找到那封信，按下傳送鍵，並在事後告訴了愛麗絲。被嚇壞的愛麗絲要萊拉尼不要開玩笑，還堅持這不可能是真的，她的這種反應即為「否認」。儘管愛麗絲最初在震驚之餘採取否認的態度，然而在查看自己的電腦反覆確認後，還是接受了這個事實，並對萊拉尼感到憤怒。

防禦機制「歪曲」（distortion）有點類似否認，由於不願意承認眼前的現實，所以將外在事實加以曲解、轉化成自己能夠接受的認知。舉例來說，身為唯一監護人的父親在對孩子進行精神與肉體上的虐待時，會將其當作為了孩子好的「愛的證明」，因為唯有抱持這樣的思維，才可以擺脫自己虐待孩子所產生的罪惡感。

除此之外，在親密關係中，我們可能會從對方身上感受到焦慮。尤其有些人因為性格使然，在一段關係中會產生嚴重的焦慮，此時他們很容易把自己產生的焦慮歸咎於對方，甚至將對方微不足道的瑣碎舉止放大解讀為背叛的徵兆。

「否認與歪曲」的防禦機制主要發生在個體束手無策的情境下，因為如果原封不動地接受現實就會傷害到自己，所以只好改變對於外在事實的認知，可能是客觀現實過於殘酷，抑或是壓力大到難以調適，只要這兩個因素有任何一個獲得緩解，否認或歪曲的防禦機制使用頻率自然就會降低。

當故事以主角第一人稱的視角展開，而且主角使用否認與歪曲作為主要防禦機制時，在故事的後半段通常會為讀者或觀眾帶來驚人的反轉。例如在電影〈靈異第六感〉（*The Sixth Sense*）和〈神鬼第六感〉（*The Others*）中，觀眾起初很自然地跟著主角的敘述走，直到後面劇情才揭露主角最重要的關鍵，那就是否認自己的死亡，讓整個故事達到反轉的效果。

・與否認、歪曲有關的人格類型：偏執型人格、依賴型人格

幻想，逃往另一個世界

「我的媽媽是仙女，而我是仙女的女兒，等到有一天時機成熟，媽媽就會來找我了。」

「我有一隻娃娃，他只會跟我講話。」

「幻想」（fantasy）是一種脫離現實，躲進另一個世界的防禦機制，可以讓自己暫時逃離那些難以迴避的痛苦瞬間。無論是誰，有時候都會稍微脫離現實，透過書本、電影或連續劇想像自己活在另一個世界，但是我們也知道，這些想像並非真實。

然而，當我們在想像中停留的時間越長，或是想像越具體，就越是栩栩如生，讓人感覺像「真的」一樣；一旦從想像回到現實時，就會發現現實中的自己和想像中的截然不同，從而感到沮喪。

每個人都可能為了逃避難以忍受的現實暫時躲進另一個世界，但是把幻想當成主要防禦機制的人，往往會認為自己的想像是現實的延伸。因為年紀越小通常越無法分辨想像與現實的差異，所以如果經常使用幻想作為防禦機制，也可以解讀為一種「退化回幼兒的行為」。

在電影〈鋼琴師〉中，主角大衛在身為鋼琴家對於成長的追求與父親瘋狂的執念之間拉扯，最終他選擇了前者，卻也因此和父親決裂。大衛從小就被父親逼著彈鋼琴，沒能與同齡人的群體一起成長，在與家人斷絕關係後，他為了證明自我而拚命鞭策自己，卻也導致了他對現實的認知崩潰。

在電影中，已屆中年的大衛內心還是像個孩子一樣，表現出對於鋼琴演奏的純粹熱情，如果仔細觀察大衛自言自語的內容，就會發現他停留在與父親共同生活的童年歲月，仍然在幻想中和父親說話。

從改變外界現實這點來看，幻想與「歪曲」有些類似，但是幻想不僅會改變外界現實，還會改變自己的情感，有時甚至連自我認同都可以改變，這是與歪曲之間的不同之處。在面對個人難以承受且無法逃避的時刻，比方說性暴力或虐待之類的情境，幻想往往可以成為一種心理防禦的手段。

幻想的特點在於不會積極將其轉化為現實，也不會強迫周圍的人，只是一種自我滿足的工具，讓自己既能維持自身的狀態，又不會受到內在衝突的困擾。幻想經常用在想要避免人際關係之間的衝突或迴避親密關係的時候，如果有外顯的現象，可能是想要隱藏自己難以承受的攻擊性或性衝動。

- 與幻想有關的人格類型：迴避型人格、類思覺失調型人格、思覺失調型人格

行動化，追求即時性的刺激

「我做危險行為關你什麼事？」

「行動化」（acting out）是一種為了宣洩內心的負面情感，藉由追求即時刺激行為表現出來的防禦機制。與其他防禦機制不同的是，使用行動化作為防禦機制的人通常不會在意自己的內在衝突被別人知道，所以「行動化」會比其他防禦機制更加「引人注目」。

由於這種表現源自於衝動，所以當事人經常無法承擔行為所帶來的後果。主要的例子有青少年的脫序行徑、突然亂發脾氣、精神恍惚或失常、濫用藥物、自殘、性生活混亂等不恰當的行為表現。

在電影〈猜火車〉（*Trainspotting*）中，主角馬克・懶登（伊旺・麥奎格飾）與朋友們對海洛因和酒精中毒，甚至陷入性成癮的泥沼。他們有時會出於玩心而偷竊，有時會和酒吧鄰桌的人打架，儘管因為失業面臨經濟困難，卻在參加面試時自暴自棄，難以克制立即滿足自身欲望的衝動。除了欲望以外，只要他們心裡有任何一丁點不愉快，都會不擇手段地尋求即時性的解決。

如果一個人經常使用行動化作為防禦機制，周圍的人可能會為其不可預測的特性和不恰當的行為舉止感到困惑和生氣。除此之外，由於遭殃的往往都是周圍的人，所以當使用行動化的次數越頻繁，周圍的人也越難給予支持，最終導致個體遭到孤立，或是只能與同樣經常使用這種防禦機制的人來往。

把行動化當作主要防禦機制的人，往往會為了盡快擺脫現實帶來的痛苦或緊張而主動追求其他強烈刺激。例如讀高中的女兒因成績沒考好被父親訓斥後憤而離家出走，或兒子在母親去世後沒去參加葬禮，而是出現縱慾或自殘等行為，這些都是行動化的表現。

•與行動化有關的人格類型：反社會型人格

理智化，在內在衝突下壓抑自身情感

「這有什麼好難過的，仔細想想，分手對他和我來說都是好事。」

「我考試的時候一定要穿紅色襪子，才能考出好成績。」

「理智化」（intellectualization）是一種在內在衝突下壓抑負面情感，為了避免感到痛苦而用理性包裝自己的防禦機制。這種防禦機制會試圖透過邏輯思考來擺脫當前遇到的問題，讓自己不會產生焦慮和痛苦的感受，在緊急的危險情境下，理智化可以有效控制危機。

然而，如果頻繁使用這個防禦機制，長期累積的負面情感可能會突然爆發開來，在某個瞬間擊垮一個人，進而引發恐慌症或強迫症等疾患，當負面情感與思緒進入意識時，甚至連呼吸都可能變得困難。或許是在原本不該害怕的情境下產生極端的恐懼，也可能是堅持自己需要採取某種行動擺脫這種狀況的「執念」，如果再嚴重一點，就連本來不用特別留意就能做到的呼吸都好像難如登天。儘管理智化可以在個人的內在衝突下提供一種掌控感，但是太常使用的話，反而會失去基本的控制能力。

那些經常使用理智化作為防禦機制的人，除了對於自身情感變得麻木，就連親密之人的情感也會變得後知後覺。在別人眼中，這樣的人往往看起來既古怪又冷漠。有時候我們也會看到有人藉由理智化過度壓抑情感，從而講出一些天馬行空、與當下情境毫不相干的話語。前者通常發生在強迫型人格與自戀型人格身上，後者則是發生在類思覺失調型人格和思覺失調型人格身上。雖然觀察到的模樣可能有所不同，但是他們有一個共同點，那就是有意識地排除情感，表現出不合時宜的行為。

在電影〈愛在心裡口難開〉中，主角梅爾文是強迫型人格和習慣使用理智化作為防禦機制的人，就連表白愛意時似乎也不見情感上的動搖。在韓國連續劇〈我的大叔〉中，李至安（李知恩飾）也使用了理智化作為主要防禦機制，出於接連不斷的失落感，她在大多數情況下都表現出麻痺和冷酷的態度，然而在遇見名為朴東勳（李善均飾）的角色後，她第一次得到了實質性的幫助和慰藉，在劇情的後半段，她開始坦率地把情感表達出來，顯示她逐漸擺脫了理智化的束縛。

• 與理智化有關的人格類型：自戀型人格、強迫型人格、類思覺失調型人格、思覺失調型人格

轉移，為無法承受的情感設定新的對象和目標

（在外遇到不愉快的事，回家後對家人發脾氣）「都是因為你們不把我當一回事才會這樣。」

「叔叔，我愛你。」

「轉移」（displacement）是一種當個人的情感不符合當下的自我意象，抑或是無法在現實中獲得滿足時，就會無意識地變換對象或重新設定全新目標的防禦機制。舉例來說，如果一個孩子非常害怕父母，可能會將害怕的對象從父母換成動物，也就是較為安全的目標。除此之外，轉移也會以生理症狀表現出來，像是當我們有想要殺死某人的欲望時，由於承受不住這種激烈的情感，便可能產生腳趾失去知覺等現象。

根據解釋方式的不同，轉移甚至足以涵蓋整個防禦機制，而在此我們將聚焦「移情」（transference）和「反移情」（countertransference）進行探討。

在生命中，我們往往會有強烈地憎恨或愛著某個人的時候。假如有一天，我們遇見了一個人，他與自己曾經有過強烈情感的人十分相似，那會怎麼樣呢？此時我們可能在這個新的對象身上感受到過去那些強烈的情感，或許是迷戀，或許是不信任，所以對於那些表示「你跟我一個認識的人很像」並且接近自己的人，一定要多加小心，因為他們很有可能將口中那個人的形象加諸在我們身上，而沒有看見我們真實的模樣。

在諮商的情境中，移情和反移情常發生在諮商者與當事人之間。舉例來說，當事人在與父親的關係中累積的情感，就可能在和同年齡層男性諮商者之間重複出現，而出色的諮商者，可以巧妙利用在諮商情境中出現這種對於諮商者的移情，從而達到諮商治癒的效果。如果在父親那裡未能解決的情感被轉移到諮商者身上，並且重新進入當事人的意識中，這便成為一個機會。值得注意的是，諮商者也可能對當事人產生反移情；例如，假設當事人出於對父親深切的思念愛上諮商者（對於母親或其他家人和朋友等對象皆同），而諮商者陷入了當事人對自己產生的理想化和愛意，就可能沒辦法和當事人好好畫清界線。

諮商情境很容易發生移情和反移情現象，在這過程中，諮商可能成功收尾，也可能落得糟糕的結局，因此在韓國，諮商學會、諮商心理學會和臨床心理學會都試圖透過諮商倫理守則來防範這種情況發生。儘管如此，還是經常會在新聞上看到相關案例，可能是居心叵測的精神科醫師惡意利用患者的移情，抑或是神職人員與信徒發生不正當的關係。

在電影〈無顏美女〉裡，受邊緣型人格障礙所苦的智秀，接受了精神科醫師錫沅的催眠治療，在治療過程中，面對將自己當成丈夫尋求愛情的智秀，錫沅忍不住與她發生了性關係。儘管〈無顏美女〉為了以更戲劇化的方式敘述這個故事而使用了催眠，但是錫沅和智秀在治療過程中的行為，已經清楚地為我們展示了移情與反移情的效果。

在日常生活中，我們很容易就能在身邊找到經常產生移情作用的例子，就是那些找的伴侶總是差不多類型的人。從旁觀者的角度來看，甚至讓人不由得心想：「怎麼又找了個差不多的人呢？」這些人在找到相似類型的伴侶後，又往往因為同樣的問題而分手。這種移情的表現通常是無意識的，所以如果不察覺到這一點，學會客觀審視自己，掌握移情作用產生的契機，解決心中那份對於移情初始對象的情感，只會讓這種模式反覆發生。

・與轉移有關的人格類型：邊緣型人格、迴避型人格

解離，變成其他人來逃避痛苦

「遇見全新的自我！」——傑奇博士的台詞

「我不是大人，我還是一個孩子！」

小說《化身博士》（*Strange Case of Dr Jekyll and Mr Hyde*）和音樂劇〈變身怪醫〉（*Jekyll & Hyde*）是充分展現人類雙面性的作品，至今仍然深受大眾的喜愛。傑奇是個理性又體面的紳士，同時也是一位出色的醫師，他透過實驗從內心深處引出海德這個邪惡的人格。傑奇的情況可能被診斷為雙重人格或精神錯亂，但是我們每個人都可能因為痛苦暫時變成其他人，就像傑奇變成海德一樣，產生「解離」的現象。

「解離」（dissociation）指的是個體從「我」的整合意識中抽離變成其他人，試圖藉此避免面對痛苦，抑或是完全遺忘誘發痛苦的根源。

只要變成其他人，就不會再感到痛苦，可以立即將自己從誘發痛苦的事件隔離出來。為了避免感到痛苦，有些人會反其道而行讓自己置身於恐怖的情境；為了追求歡愉，有些人會突然變成對某個宗教很虔誠的人，抑或是接觸迷幻藥，有時甚至會假扮成自己憧憬的人物，就像在演戲一樣。

只要從旁觀察一個經歷解離的人，就能發現他不同於平常的異質性。有時會恍惚失神，有時喪失記憶，甚至表現得像是截然不同的另一個人，這種情況可能是暫時的，也可能會一再發生。

在我們觀看的戲劇或電影中，也經常能發現解離的現象。例如親眼目擊自己心愛之人遭遇事故而當場暈倒，也是解離的其中一種表現。除此之外，有些人會感受到靈魂出竅，好像從肉體外面在觀察自己一樣，這就是所謂的「人格解體」（depersonalization），百分之五十到七十的人一生中至少會經歷一次這樣的現象，人格解體也是解離的一種形式。

與成年人相比，解離通常在孩童身上更常見，有時甚至會表現為退化。舉例來說，原本戒掉尿布超過一年的孩子，在弟弟出生後為了搶奪父母的愛，或許會試圖跟弟弟一樣重新把尿布穿回去。在這段期間，他們可能會暫時退化到過去的發展階段，表現出更為年幼的行為和說話方式。

雖然說人在一生中可能會經歷好幾次暫時性的解離現象，但是萬一過於嚴重，往往就會導致因為多重人格而為人熟知的解離性身分障礙、解離性失憶症和人格解體障礙等的精神疾患。

・與解離有關的人格類型：戲劇化人格、邊緣型人格

反向作用，將自己的欲望與情感轉化為相反的行為

「我們家的醜八怪！」

「我超——級喜歡的啦！」

「反向作用」（reaction formation）指的是將自己內心不能被接受的欲望或情感轉化為截然相反的行為。正如同韓國有句諺語說：「討厭的傢伙要多給一塊糕餅。」由於不喜歡在面對對方時有負面情感，所以反而去討好對方；抑或是覺得小朋友很可愛而惹哭他們的行為，是因為喜愛的情感讓自己難以承受，反而把對方當成討厭的人來對待。

不僅是對人，對事情也會產生這種現象。當一個人明明很不情願卻必須做某件事情時，可能會反過來表現得好像很樂意一樣，反之亦然。要說反向作用與其他防禦機制有什麼不同之處，就是當事人對於自己的情感有一定程度的認知，只是以相反形式的表現來掩

蓋這些情感。在言情小說中，為了增加關係的緊張感，男主角可能明明喜歡女主角，卻做出完全相反的表現，讓女主角感到困惑。正如同男主角喜歡女主角卻難以付諸行動一樣，我們在現實生活中也會觀察到身邊的人有反向作用的現象。

在被改編成電影的小說《格雷的五十道陰影》（*Fifty Shades of Grey*）中，男主角克里斯欽・格雷明明受到女主角安娜塔希婭・史迪爾強烈的吸引，卻叫女主角不要接近自己。安娜塔希婭同樣著迷於格雷，但是因為格雷的話語感到困惑，甚至關掉手機「潛水」，打算遠離格雷，然而每到這時候，格雷就會主動找她，和他先前說的話自相矛盾。《格雷的五十道陰影》前半部就描寫了他們在不了解彼此心意的情況下若即若離的情節。

在我們的日常生活中，當自己渴望得到某個人的關愛或照顧時，通常會為了讓別人為自己做些什麼，或是希望從別人那裡得到更多而去討好對方。然而，如果不顧對方的意願、需求和當下的情況，就強行把自己的情感灌輸給對方，即使行為的本意良善，也不一定能夠帶來好的結果。

正如同其他不成熟的防禦機制一樣，反向作用也會給防禦機制的當事人與對方留下混亂與誤會，導致雙方的溝通產生問題。「你真正想要的究竟是什麼呢？」

・與反向作用有關的人格類型：偏執型人格、強迫型人格

潛抑，忘卻記憶或將情感埋進內心深處

「啊？我為什麼在哭呢？」

「雖然不知道為什麼，但是我不太記得小時候的事了。」

「潛抑」（repression）是所有防禦機制的基礎，也可以說是一種原型，可能是捨棄難以承受的記憶，抑或是把情感埋進內心深處。就算老朋友或家人提醒說：「你以前經歷過那件事。」這個人也會回答：「我有過那種經歷嗎？」否認自己擁有任何記憶。

潛抑與單純忘記的不同之處在於，潛抑對當事人會產生持續性的影響，有時甚至會在莫名其妙的時間點無意間流露出情感。比方說一個人坐在長椅上看著樹木哭，卻完全不知道哭泣的原因為何，在持續諮商的過程中，才發現原來長椅和樹木讓自己想起了與絕交的朋友曾經一起玩耍的祕密基地。以該情況來說，這個人可能就是察覺到在內心深處看不見

的隱密角落，埋藏了自己與朋友絕交產生的挫折感與創傷。

除此之外，潛抑的當事人也可能忘記對自己來說具有重大意義的事情，比如說父親的第一個忌日。如果是無法接受父親的離世，那就是否認，但是潛抑並非如此，而是會丟失與父親相關的記憶，抑或是讓自己忘記會產生悲傷情緒的日期或物品。

潛抑可能是暫時性的，比方說一個人明明被憤怒等強烈的情感所籠罩，甚至氣到全身的肌肉都很緊繃，卻聲稱自己一點都不生氣。潛抑也可能是長期的，例如在童年經歷家暴後，就忘卻了那段時期的記憶。以後者的情況來說，雖然當事人不記得，但光是看到有人長得像對自己施暴的父母，就可能讓他們不自覺地產生莫名的恐懼。長期的潛抑因為需要花費很大的力氣來阻止記憶進入意識，有時反而會導致情緒不受控地爆發開來。

從紀錄片改編成動畫片的〈與巴席爾跳華爾滋〉（*Waltz with Bashir*），是參加過黎巴嫩戰爭的導演阿里・福爾曼（Ari Folman）根據自己真實故事完成的作品。福爾曼導演在與朋友的對話中發現，自己對於黎巴嫩戰爭時發生的可怕經歷完全沒有印象，於是描繪了自己尋找記憶的旅程。在採訪老戰友時，戰友們也察覺到彼此對於福爾曼想不起來的當年那些細節各自擁有不同的記憶，最後聽著老戰友們的故事，福爾曼終於重新回想起了遺忘的那段經歷。

在〈與巴席爾跳華爾滋〉中，我們可以透過福爾曼的訪談了解到，在面對像戰爭如此恐怖的事件時，人們會使用哪些防禦機制來承擔痛苦的情感，而這部作品也涵蓋了否認、歪曲、幻想等各式各樣的防禦機制。

韓國有一種被稱為「火病」的文化症候群也與潛抑有關。這是一種朝鮮民族特有的精神疾病，患者會因為過度壓抑自己憂鬱或憤怒的情感，出現頭痛、胸悶、焦慮和失眠等生理症狀。當嚴厲的婆婆離開人世時，年過六十的媳婦長久以來潛抑的情感或許會一下子爆發開來，讓過去的經歷彷彿正在發生的現在進行式般重新甦醒；此時難以承受的情感與記憶就可能反映在身體上，甚至對健康產生負面影響。然而，雖然需要花上一段時間，只要能夠釋放積累的情感，身體自然可以恢復健康。

・與潛抑有關的人格類型：迴避型人格、強迫型人格

成熟的防禦機制：利他主義、壓制、預期、幽默、昇華

在書籍《成功的生活心理學》（*Adaptation to Life*）中，作者哈佛大學教授喬治・華倫特（George E. Vaillant）針對「格蘭特研究」（The Grant Study）[17] 的受試者進行分析，將佛洛伊德的防禦機制分為四個等級，分別是「病態心理」（pathological）的防禦機制、「不成熟」（immature）的防禦機制、「神經性」（neurotic）的防禦機制與「成熟」（mature）的防禦機制。

華倫特表示，依個體面臨的情境與內在脆弱性，通常會交替使用這四個等級的防禦機制。他還提到，根據每個人的人格特質，可能會頻繁使用某種特定的防禦機制。因此，即使是大家公認很「成熟」的人，也不一定每次都會使用第四級成熟的防禦機制。相反地，就算我們認為某人很「不成熟」，他也不一定總是使用第一到三級不成熟的防禦機制。

話雖如此，心理成熟的人使用成熟防禦機制頻率還是比較高，當然，也有些人一輩

子都沒使用過成熟的防禦機制。除此之外，格蘭特研究也發現，隨著個人成長，在青少年和青年時期主要使用的那些未成熟的防禦機制，可能會在年齡增長後轉化為成熟的防禦機制。舉例來說，從潛抑和解離發展成昇華，或是從轉移和反向作用轉變為利他主義[18]。

那麼，以下就讓我們來看看被歸類在第四等級「成熟」的防禦機制有哪些吧！

第一個是「利他主義」（altruism）。利他主義指的是不以滿足自我需求和利益為優先，而是有建設性地謀求更多人的利益。經常使用利他主義的人不會把自己產生的痛苦和匱乏感轉嫁到外界，而是會透過個人積極的行動打破痛苦的負面循環，轉化為善良的行為。舉例來說，出身貧困大家庭的長男，在長大成人以後看到那些像自己童年一樣經濟困難的孩子，願意為他們提供實質上的幫助。從將自己的渴望轉嫁給別人的角度來看，利他主義或許很類似投射或行動化，但是就和其他成熟的防禦機制一樣，利他主義的前提建立在正確的自我認知，以及對於其他人的關懷上，這一點有很大的區別。華倫特將利他主義稱為「建設性的反向作用」[19]，如果青少年時期主要使用投射、反向作用和行動化等防禦機制，隨著年齡的增長與心理的成熟，就可能轉而使用利他主義等成熟的防禦機制。

在韓國電影〈向日葵〉中，對主角吳泰植（金來沅飾）視如己出的德子（金海淑飾）就是利他主義的一個很好的例子。德子原諒了意外殺死自己兒子的吳泰植，並且宛如母親般溫暖地對待他，因為德子的善良，吳泰植決定離開監獄後要洗心革面好好過生活。

第二個是壓制（suppression），壓制可能看起來跟潛抑有點像，因為兩者都是將當下的負面情感往下壓。然而兩者不同的是，潛抑主要是抑制個人無法接受的負面情緒，甚至不惜欺騙自己；而壓制則會正確感知當下產生的負面情感，同時有意識地暫緩處理，直到自己能夠認真思考這些情感真實性的時候。除此之外，在面對的時候到來時也不會逃避，而是會正視引發負面情感的問題。善於運用壓制的人通常擁有極大的耐心和毅力，小時候經常使用潛抑和理智化的人在長大後，可能會將壓制作為主要的防禦機制。

在電影〈花樣年華〉中，周慕雲（梁朝偉飾）和蘇麗珍（張曼玉）在得知彼此的配偶有婚外情後相識，兩人之間也產生了情愫。他們對於無法實現的愛情感到痛苦，卻不輕易表露出來。尤其是飾演周慕雲的梁朝偉，他經常演出內斂的角色，眼神中充滿情感，同時又克制語言和行為上的表達，比如〈重慶森林〉、〈阿飛正傳〉和〈色，戒〉皆是如此。在許多電影中，梁朝偉都巧妙地根據電影的氛圍展現了角色的潛抑與壓制。

第三個是預期（anticipation），指的是對未來發生的事情進行規畫和準備，就像從第三人稱觀察者的視角閱讀小說一樣，客觀審視自己與這個世界，為未來的需要做好準備。

舉例來說，一個將預期作為主要防禦機制的人，可能會在接受抗癌治療前將文件整理好，解決自己不幸離世後可能產生的財務問題。在日常生活中，當他們面臨重要抉擇，在十字路口要選一條路走時，也會預期走在這條路上可能伴隨的困難，並且提前做好準備。

小說《遇見你之前》（*Me Before You*）曾經改編成電影〈我就要你好好的〉，故事中全身癱瘓的威爾與露薏莎相遇並墜入愛河，但是威爾冷靜且很清楚自己的極限，所以在說服家人與伴侶後，決定為自己的死亡做準備。在分手等情境下，預期也可以用來當作主要的防禦機制。像在電影〈我的野蠻女友〉中，當牽牛（車太鉉飾）見到即將成為「她」（全智賢飾）未來伴侶的人時，提前向對方交代了「她」的所有喜好。

第四個是幽默（humor），指的是當心理感到不適時，會幽默地表現出來而非逃避。即使面對對方攻擊性的言語，也能巧妙扭轉尷尬的情況。除此之外，幽默也可以用來承擔痛苦。幽默就和預期一樣，會透過第三人稱觀察者的視角來掌握自身與當下的狀況，善於運用幽默的人不僅能讓自己保持愉悅，還可以為其他人帶來快樂，建立圓滿的人際關係。在電影〈美麗人生〉（*La vita è bella*）中，我們可以看到在隨時都可能身亡的猶太人集中營裡，主角蓋多（羅貝托・貝尼尼飾）就運用了幽默讓兒子與身邊的人不至於陷入恐懼。

第五個是昇華（sublimation）。昇華是人類避免痛苦的防禦機制，佛洛伊德也多次強調了其重要性。昇華指的是透過其他方式表達自己的焦慮或痛苦，並且從中獲得滿足感，比如說藝術或運動就是很明確的例子。

當世界上彷彿只剩下自己一個人時，這種孤獨感往往會讓我們感到痛苦，此時就可以將自己的情感藉由創作歌曲或繪畫抒發出來，從而產生連結感，也可以透過運動安全地釋放無處發洩的攻擊性。投射、幻想和轉移等防禦機制雖然也能夠幫助自己的情感找到出口，但是並不會轉為正面的情感。而昇華除了可以讓情感的出口轉化為安全的表現形式，同時還能產生正面的情感，這一點有很大的差異。

只要從幾部描寫藝術家人生的電影來觀察，就能夠立刻了解昇華是什麼樣的防禦機制。比如描述《傲慢與偏見》（*Pride and Prejudice*）作者珍・奧斯汀（Jane Austen）生平的電影〈珍愛來臨〉（*Becoming Jane*）、改編自加拿大畫家莫德・路易斯（Maud Lewis）及其丈夫故事的電影〈彩繪心天地〉（*Maudie*）；還有描述因為車禍終生承受肉體痛苦的芙烈達・卡蘿（Frida Kahlo），透過繪畫來揮灑這份情感的電影〈揮灑烈愛〉（*Frida*）等，都藉由藝術表現了昇華的概念。除此之外，從描寫這些藝術家的電影中可以看出，在克服自身痛苦、生活危機和極限的過程中，寶貴的藝術作品也得以由此誕生。

如上所述，除了前面九種防禦機制之外，我們還討論了五種成熟的防禦機制。成熟與不成熟最大的差異在於正確的自我認知，以及主動的處理方式。除此之外，如果對自己和其他人沒有愛，就不可能建立成熟的防禦機制。

創作者可以透過防禦機制塑造（build up）人物立體的角色形象，深刻敘述與描繪其中的衝突。在人際關係中之所以會有誤會及摩擦，正是因為人與人之間的防禦機制有所衝突；但是只要掌握了防禦機制，或許就能夠提供一個深入探究的契機，看穿行為背後隱藏的人類欲望。

第 5 章

有趣的 MBTI 人格光譜

如果MBTI與人格光譜**相遇會擦出什麼樣的火花呢？**

在利用《DSM-5》這一公認的人格障礙光譜設計作品角色的人格之餘，為了幫助創作者理解，我們也來談談韓國國內僅次於血型性格分類最有名的MBTI性格分析。

MBTI是以心理學家卡爾・榮格（Carl Jung）的人格理論為基礎，於一九四四年由邁爾斯・布里格斯（Myers-Briggs）母女開發的人格分類指標，可以透過四個指標得出十六種人格類型。可能有很多人都知道，目前心理學界普遍認為MBTI的信度和效度[20]較低，所以作為一個評鑑個人特質（personality）的檢測而言效用不大。

但是目前在韓國，MBTI已經被很多人當成一種溝通手段，用來區分每個人的「不同之處」和「相同之處」。如果可以藉由這個工具來幫助理解人格光譜，或許也能讓創作者在進行角色設定時，增添一些想像與樂趣。因此，我們建議只有在進行角色設定時使用MBTI輔助，完成設定後再刪除所有MBTI的說明。（也許各位讀者能夠提供比這些更好的解釋，因此以下內容僅供參考！）

檢視MBTI的基本指標

外向型（E）與內向型（I）

MBTI的第一個指標是關於個人能量自然發散的方向（專注焦點），可以分為把注意力放在自身外在世界的外向型（E），以及自身內在世界的內向型（I）。

外向型因為喜歡與他人互動，所以通常能夠建立廣泛的人際關係，樂於參加各種活動，將自己的能量向外界發散。相反地，內向型更喜歡靜下來，拓展自己的內在世界，偏好獨處或追求少數的人際關係。與外向型不同，內向型通常較為謹慎，不會輕易用語言表達自己的想法。

如果想要分辨外向型和內向型，只要看一個人在能量耗盡時的行為就可以了。是參加派對與其他人玩在一起，藉此從外界獲取能量？抑或是在派對上玩樂的過程中感到疲憊，選擇回家享受一個人獨處的時間來補充能量呢？

感覺型（S）與直覺型（N）

第二個指標是檢視個人如何感知人事物（認知功能），可以分為重視個人的實際經驗、注重當下的感覺型（S）；以及不倚賴實際經驗、憑藉直覺和想像聚焦於未來的直覺型（N）。

兩種類型最大的區別在於「對時間的感知」。感覺型專注於當下，直覺型則對未來或看不見的領域更感興趣。因此，感覺型會將焦點放在個人的實際生活，直覺型則更注重個人所屬的精神世界。換句話說，一個重視經驗，一個重視想法，這就是兩者的差異所在。

思考型（T）與情感型（F）

第三個指標是關於人在決策時優先考量的部分，可以分為注重邏輯和客觀事實，根據原則和規矩進行判斷的思考型（T）；以及考慮到每個情境下的變數，尤其是情感因素，並且根據其意義和影響進行判斷的情感型（F）。

思考型側重於準確掌握事實與客觀關係，雖然清楚有條理，但可能稍嫌冷漠。另一方面，情感型對其他人較有同理心，而且會考慮到周遭情況的方方面面，所以通常能給人一種溫暖的感覺，但是有時也會顯得太過愛管閒事。

判斷型（J）與感知型（P）

第四個指標是關於個人偏好的生活模式，可以分為設立明確的目標、制定計畫並取得成果的判斷型（J）；以及滾動式地靈活調整目標、追求自由的感知型（P）。

要區分一個人是判斷型還是感知型最簡單的方法，就是去看他的房間。判斷型的人書架上的書會擺放得整齊有序，物品的排列也有一致的原則；感知型的人如果不經由他的解釋，在別人眼中通常很難理解「這個東西為什麼放在這裡」。判斷型追求的是可以預測且穩定的生活，感知型追求的則是變幻莫測的自由生活。

外向 （Extraversion, **E**）	**關注焦點** 能量的方向	內向 （Introversion, **I**）
感覺 （Sensing, **S**）	**認知功能** 感知人事物的方式	直覺 （Intuition, **N**）
思考 （Thinking, **T**）	**判斷功能** 判斷的依據	情感 （Feeling, **F**）
判斷 （Judging, **J**）	**生活模式** 偏好的生活模式	感知 （Perceiving, **P**）

～純屬娛樂僅供參考～
每一種人格光譜的 MBTI

「自我確信」A 型的人格光譜

偏執型人格

E	藉由語言和行動積極地表達自己懷疑的事物。	靜靜地觀察懷疑的目標，蒐集符合自己猜疑的證據。	I
S	在蒐集懷疑的證據時，不會放過任何細節，例如伴侶對別人微笑的次數、牽手的次數等。	在產生猜疑時，會將思維擴展到最糟糕的情況，即使是對方實際上沒有做的事情，也會考慮到其「可能性」。	N
T	根據蒐集到的證據提出自己的一套邏輯，控制對方使其無法反抗，並且施加心理壓力，迫使對方聽從自己的想法。	負面情緒會以爆炸的形式表現出來，例如砸碎物品或對猜疑的目標施加暴力。然而在情緒平靜下來後，又會因害怕對方離開而道歉。	F
J	制定好計畫並且有條不紊地執行，藉此控制自己懷疑的目標與狀況。	對伴侶起疑心時，如果伴侶應該在的時候卻剛好不在，就會直接斷絕關係。	P

類思覺失調型人格

E	向家人宣稱自己想要獨處，並且表示不明白為什麼一定要和大家待在一起（不過以類思覺失調型人格的特性而言，內向型的機率較高）。	喜歡組裝樂高等一個人沉浸其中的活動。因為很害羞，在人際關係中往往感到不自在，所以偏好安靜地獨處。	I
S	討厭陌生人的視線和肢體接觸，有時甚至不只是討厭，還會因此感到痛苦。	創造幻想中的朋友，但也知道這個朋友在其他人眼裡是看不見的。	N
T	完全無法理解人們的情感為何這麼容易波動。	一旦有人靠近自己就會顯得很不耐煩（這點也是類思覺失調型人格的特性使然，情感上較為冷淡）。	F
J	「讓我來找找看有什麼可以自己一個人做的事！」	「拜託不要管我！」	P

思覺失調型人格

E	不知不覺與想像中的人物對話，有時還會將對話內容告訴家人。	有一個沒有人知道、只屬於自己的朋友，這個朋友在其他人眼裡是看不見的，所以要小心對待。	I
S	「我可以看穿你的心！」「看好，我要試著讓這個人從座位上站起來。」	「神昨天晚上親自來找我了，跟我說一定要進這間學校。」	N
T	覺得自己能比其他人看到更多的事物。	無論關係再怎麼親密，依舊認為別人會傷害自己，這個世界充滿危險。	F
J	「要想進入幻想的領域，就必須進行幾個儀式。」	「啪！」（消失無蹤）	P

「掌控他人」B型的人格光譜

反社會型人格

E	認為這個世界不會放過自己，表現出憤怒的情緒，一旦找到目標時就會在對方身上施加他所謂的「懲罰」。	不會立即表現憤怒的情緒，但會暗中記住自己的憤怒與猜疑。	I
S	「你走路就走路幹嘛撞我的肩膀！」	有時會表現出一種毫無根據的自信心。	N
T	提出自己一套合理的依據，接著跟別人說：「你罪有應得。」	「打人還需要什麼理由嗎？哎呀，你就錯在碰巧經過我面前。」	F
J	以「懲罰」特定對象或不特定複數對象的名義制定可怕的計畫。	「砰！」	P

戲劇化（表演型）人格

E	認為自己就是這個名為「世界」的巨大舞台的主角，試圖將自己的情感和宇宙連結在一起。	「雖然我不好意思說出來，但是『世界』這個巨大舞台的主角是我，必須是我。」	I
S	人們應該始終對自己好，給予自己愛，最好還能用金錢或禮物來表達。	在捷運裡大喊「口罩蒙蔽了我的靈魂！」並脫掉口罩。	N
T	「你對我感興趣是應該的。」	做出誇張的表演來博取眾人的關注，有時還會陶醉在這種樂趣中。	F
J	因為容易做出倉促的決定，有時會引發突如其來的事件，比如說與剛認識沒多久的人閃電結婚。	「我的房間完美地反映了我混沌的心境。」	P

自戀型人格

E	「我是最棒的。」 只要講到自己的成就，可以聊上好幾個小時。	被特權意識所束縛，暗地裡只想和特別的人來往。	I
S	要求對方：「你要跟別人說我很優秀。」	認為自己很優秀，只許成功不許失敗，如果不順利就是別人在扯自己後腿。	N
T	「為什麼（除了自己以外的）人們都沒辦法把事情做好呢？」	對於不認可自己優秀的人發脾氣，或者乾脆迴避假裝沒聽見。	F
J	制定計畫以展示自己的能力，對於其他人反對的意見充耳不聞	「我很厲害只是還沒有找到適合發揮的環境。」	P

邊緣型人格

E	「如果你不全心全意愛我，那就滾開。」 經常表現出極端的情感，即使對同一個人也會做出極端的評價。	邊緣型人格伴隨著非常不穩定的自我意象和長期的空虛感，會做出博取他人關注而活的行為、性騷擾或極端的自殘行為來緩解這樣的感受。	I
S	「證明你愛我！」	「即使沒有見面的時候我也希望你只想到我。」	N
T	「為什麼這個世界帶給我的只有痛苦？」	在喜悅與悲愴等極端的情緒之間來回穿梭，並且將痛苦表現出來。	F
J	「如果不想被拋棄，我該怎麼做才好？」	「要是被拋棄，還不如死一死算了。」	P

「焦慮煩躁」C型的人格光譜

強迫型人格

E	「你就是太愚笨了才會這樣！」只要抓到任何一點失誤就貶低和瞧不起對方，對自己也十分嚴厲。	「如果不做好的話，我可能會被拋棄。」	I
S	認為唯有自己能夠掌控的空間才是安全的。	「世界充滿了混亂，我們必須矯正這種錯誤。」	N
T	「如果做不到完美，不如打從一開始就不要做。」	「我也很痛苦啊，但就是沒辦法。」	F
J	認為「自己以外的人做事都很馬虎」，常被身旁的人稱讚做事井然有序，即使是日常工作也追求完美，所以永遠沒有滿足的時候。	（強迫型人格絕大多數都是 J 的類型。）	P

迴避型人格

E	「界線畫在這裡，請不要越界。」雖然有一定程度對於親密感的渴望，但是會在不越界的情況下表達給對方。	總是看別人的臉色，或在不知不覺中把責任推給別人，有時也會表現為缺乏自信的狀態。	I
S	「他會離開我是因為我不夠漂亮。」	「你最後一定也會討厭我。」	N
T	尋找自己與其他人保持一定距離的理由。	「即使和別人關係再好，心情也好不起來。」	F
J	思考不會被其他人指責或拒絕的做事方式。	瀏海留到能蓋住眼睛以避開人們的視線。	P

依賴型人格

E	「抱著我！」、「我願意把所有財產都奉獻給你。」	「你說的都對。」	I
S	總是在尋找比自己優秀的人，並且巴著對方不放。	尋找精神支柱，認為只要借助對方的力量，自己的靈魂就能獲得救贖。	N
T	會找能夠獲得主管或老闆肯定的事情來做。	努力博取主管或老闆的關愛以尋求安全感。	F
J	會為了認同或關愛等自己渴望的目標而努力。	靈活地抓住每個獲得認同或關愛的機會。	P

第 6 章

受到文化與社會影響的精神疾患

多重人格障礙：部分意識分離

多重人格障礙（解離性身分疾患）是解離症中最獨特的類型，解離（dissociation）指的是個人意識無法維持整合的型態，以至於部分意識產生分離的現象，通常是為了在難以承受的精神衝擊中保護自我而出現。例如晨間連續劇裡的妻子目睹了丈夫外遇，暈倒後醒來卻不記得自己看到了什麼，這樣的失憶症也是解離現象的一種。

多重人格障礙可能產生完全不同的人格，由於這種現象既特別又罕見，所以經常成為電影的題材，比如電影〈致命ＩＤ〉（*Identity*）講述了擁有十一個人格的連續殺人魔，〈分裂〉（*Split*）裡展示了二十三加一個人格，〈鬥陣俱樂部〉（*Fight Club*）則描述了一個人面對自己另一個人格的故事，這些都是典型的例子。

另一個人格的出現

行為特徵

患有多重人格障礙的人，會產生與原來的自己截然不同的自我認知與行為模式，無論是年齡、性別還是出身背景，甚至連過去的記憶都完全不一樣，表現得簡直像另一個人。因為同樣存在幻覺與妄想，所以這方面和思覺失調症有些難以區分，但是多重人格障礙解離人格的行為非常有系統性，具有明顯的特點。

〈分裂〉主角的原型是真實存在的人物比利・密里根（Billy Milligan），他只有高中輟學的學歷，但是當「亞瑟」這個人格出現時，他能夠使用流利的阿拉伯語和非洲語言，在數學、物理學和醫學上也能表現出專家等級的水準。除此之外，當「雷根」這個人格出現時，他可以自如地運用克羅埃西亞語；而當「湯姆」這個人格出現時，他能夠熟練地操作電子產品。

〈分裂〉的凱文（詹姆斯・麥艾維飾）身體裡住著九歲的少年海維、優雅的女性派翠西亞、強迫型人格丹尼斯、時裝設計師貝瑞等不同年齡層、性別和個性的二十三個人格，甚至在電影的後半部還出現了第二十四個人格。

原本的人格通常並不知道解離產生的其他人格的存在，新出現的人格也不會知道原本的人格，除非藉由周遭的證詞或客觀證據才會有所察覺。由於多重人格障礙具有這樣的特點，所以在電影中經常被用來當作劇情反轉的伏筆。

電影〈驚悚〉（*Primal Fear*）中殺害大主教的嫌犯艾倫（艾德華・諾頓飾），因為在多重人格「洛伊」出現的情況下殺人而獲判無罪，但是艾倫其實並非多重人格障礙患者，只是為了逃罪在演戲。

無意識的行為與欲望

多重人格是一種保護自己無意識動機的體現，主角可能是為了逃避過去可怕的記憶，抑或是擺脫想要遺忘的關係，難以忍受這種毫無意義的生活，所以創造了新的世界以及與之對應的全新人格。

電影〈鬥陣俱樂部〉的主角（艾德華・諾頓飾）是謹慎的汽車召回員，唯一的樂趣是收集各種IKEA家具的他，過著無聊且毫無意義的生活。有一天，他在飛機上結識了非法肥皂製造商泰勒・德頓（布萊德・彼特飾），從此他無聊的生活變得既刺激又充滿活力，兩人還共同成立了「鬥陣俱樂部」。然而，在電影的後半部，泰勒察覺到了自己另外一個人格。

卡爾・榮格認為，一個人越是注重在外維持的形象（光線越明亮），相對地他們的陰影（shadow）也會越黑暗。因為在文化上，抑或是在教養、學習的過程中，我們往往會被要求隱藏某些部分的自我，同時將部分面貌展示在外，一旦這種差異超出個人精神所能承受的極限，就會發生解離的現象。這種光與影之間的衝突，是貫穿許多西方文化解離型人格角色故事的主要題材，例如經典作品《化身博士》和漫威英雄「浩克」等。

為什麼會產生多重人格呢？

父母的嚴重虐待與衝擊

多重人格的產生通常是由於遭受父母嚴重虐待，抑或是某個創傷事件帶來的衝擊導致個體無法維持完整一致的自我。比如說〈分裂〉的原型人物比利・密里根從九歲開始遭到養父的性虐待；〈致命ＩＤ〉中連續殺人魔麥肯的母親是名妓女，輾轉於各家汽車旅館工作，他的童年都在外面聽著房間裡的聲音度過。

無法維持完整自我的創傷經歷

導致自我無法維持完整型態的創傷經歷，通常發生在自我意識尚未形成的階段（嬰幼兒時期），主要源自於與父母的關係。

心智分離的多重人格本身就是一種病

多重人格本身就是一種病，在心理學和精神醫學上認為，保持一致且統合的自我意識是心理健康的重要指標，自我分裂意味著個人無法繼續維持正常的生活。另一方面，被歸類在解離障礙的多重人格，因為行為模式會突然變得像完全不一樣的人，在過去通常被解釋為「鬼上身」或「神靈附體」；當然，這種對於鬼神或靈魂等超自然存在的論戰至今也依然沒有定論。雖然現代醫學認為多重人格是從個人意識「分離」出來的，但是多重人格也有許多特點無法藉由原始人格來推論，例如明明沒有去過一個國家，卻能夠自由地運用那個國家的語言，抑或是熟練地處理從未做過的工作。

多重人格障礙的角色設定：與父母糟糕至極的關係、分裂的自我

與父母的關係、教養方式

多重人格障礙的角色與父母的關係可謂糟糕至極，顧名思義就是超出一般人的想像，甚至喪失人性的「恐怖虐待」。雖然父母的虐待也可能產生前面提到的人格障礙，但如果是多重人格障礙，父母必須是超過心理病態的程度。

孩子的自我通常從二至三歲開始逐漸形成，並於青少年時期完成發展，在這個階段，父母是孩子主要的互動對象。如果父母不能成為適當的榜樣或幫助孩子建立穩定的自我意象，孩子就可能產生不適應的人格（人格障礙）、分裂的自我（思覺失調症），抑或是在心理危機中分裂的自我（多重人格）。

脆弱狀態、衝突因素

多重人格起初通常是為了逃避某種心理危機而被創造出來，或者在遇到類似情況時，也可能觸發多重人格。當人格的數量太多，人格之間可能發生衝突，這些人格之間的衝突有時也能夠用於解決問題或治療。

在〈致命ID〉裡，心理學家為了治療連續殺人魔麥肯的多重人格，利用了警官人格（艾德）來除掉其他人格。結果艾德與最大的敵人犯罪者人格（羅德）同歸於盡，最後剩下的人格妓女（芭黎絲）想要回到老家開橘子園，卻出現了尚未死去真正的犯罪者人格（提摩西），殺死了芭黎絲。

特定情境下的行為

犯罪：多重人格的犯罪不會受到懲罰

自身無法察覺的人格不知道會做出什麼事，因為一個人不幸的過去往往是多重人格的原因之一，所以多重人格中的部分人格容易用激進且非法的方式來釋放自己受挫的欲望。

在現代的法律制度中，很重視犯罪者一致的犯罪意圖，在多重人格的狀態下犯罪不會被視為故意，所以並不屬於犯罪者本人的責任。在這種情況下，他們不會被關進普通監獄，而是會施以治療監護處分，被送到特殊設施（在韓國的話會是「國立法務醫院」）接受保護和治療。

在與多重人格有關的犯罪電影或電視劇中，有時會對於犯罪行為的斷定提出哲學性問題，像〈驚悚〉裡試圖利用多重人格障礙脫罪或得到減刑的行為也是題材之一。

解離性障礙：由於心理上的衝擊喪失往日的記憶

解離性障礙分為解離性失憶症、解離性漫遊症和解離性身分疾患（多重人格障礙）。

莎曼珊・肯恩完全沒有任何關於自己往日的記憶，八年前她懷有身孕在一個鄉村的海灘上被發現，什麼也想不起來。在生下女兒凱特琳後，她結婚並成為了一個幼稚園老師，過著幸福美滿的生活。然而後來有歹徒闖進她的住處，她的頭部也受到了衝擊，她才發現自己以前是美國CIA的要員——這是吉娜・黛維絲（Geena Davis）主演的電影〈奪命總動員〉（*The Long Kiss Goodnight*）的故事大綱。

解離性失憶症，消除痛苦的記憶

解離性失憶症，指的是由於心理上的衝擊喪失過去的記憶。在〈奪命總動員〉中，有一幕可能會讓觀眾感到困惑，那就是莎曼珊明明以普通人的身分過了整整八年，卻能夠瞬間變身成殺手，熟練地使用刀槍對付那些綁架她女兒的人。針對這一點，首爾大學朴漢善教授的解釋是：「即使罹患解離性失憶症，過去習得的一般知識、特定器械的操作技能和駕駛方式等記憶仍然會被保留，而且還能維持學習新事物的能力。」[21] 換句話說，電影中突然顯露殺手本色的劇情並非虛構。

根據朴漢善教授的說法，雖然解離性失憶症會突然出現，但是也可能突然恢復。比如說在電影或連續劇中，經常會有頭部撞到某處後瞬間恢復記憶的場景，就是這個原因。

根據精神健康醫學科專科醫師的說法，解離性失憶症是一種「利用壓抑與否認等心理防禦機制將痛苦記憶從意識中消除的表現」，同時也指出要小心有些人會為了個人利益而撒謊。韓國中央大學精神健康醫學系徐正錫教授就表示：「我們應該將假借裝病、謊言來獲取自身利益的行為[22] 與解離性失憶症區分開來。」

解離性漫遊症，個性也發生變化

在解離性障礙中，最受電影和連續劇青睞的題材非「解離性漫遊症」莫屬。漫遊（fugue）指的是漫無目的到處徘徊或逃跑的意思，如果出現解離性漫遊症，不僅過去的記憶會徹底消失，就連個性也會完全改變，變成另一個人。根據精神健康醫學科專科醫師的說法，解離性漫遊症「雖然與解離性失憶症類似，但是其特點在於離開住處四處遊蕩」。

有一部展現了解離性漫遊症特點的代表性電影叫做〈真愛來找碴〉（*Nurse Betty*）。貝蒂（芮妮・齊薇格飾）迷上了以醫院為背景的連續劇男主角，在親眼目睹了丈夫慘遭殺害的震驚場面後，就堅信自己是劇中男主角的情人，為了和男演員見上一面而遠赴洛杉磯，劇情也由此展開。在經歷衝擊性的事件後，離開原本的住處尋找新的工作或外出旅行，貝蒂的這些特點正好與解離性漫遊症不謀而合。

在現實生活中，我們可以看到一些檢察官或法官失蹤數天後返回的新聞報導，可以推測就是由於嚴重的工作壓力導致的解離性漫遊症。根據法律新聞的一篇報導，韓國水原地方法院民事部有一名A法官（當時三十五歲）在二〇〇六年六月十三日說要去上班，卻在走出家門後失去聯繫，直到五天後才回來，失蹤當時他的手機、西裝外套和錢包都好好地放在車內。在警方的詢問下，A法官表示：「我頭痛想要休息，隨意走一走就到了高速客運站，坐上客運睡一覺醒來才發現自己在釜山。」、「我到釜山後在巨濟島等地方繞了一圈，又在汗蒸幕（分為公共澡堂、桑拿房與休息區域的韓國傳統休憩設施）睡了一覺。」另外他在失蹤前還開車將妻子送到地鐵站。

二〇一一年十一月八日，大田地檢署的B檢察官與在大田地方法院任職法官的妻子發生爭吵後，關掉手機在深夜失蹤，也沒有去上班，直到十一日凌晨才重新返回家中。與A法官接受懲戒後回歸工作不同，B檢察官表示沒有要重返工作崗位的意思。這兩個案例都有一個共同點，那就是年輕且承受著繁雜的業務壓力，最終導致與伴侶發生情緒衝突後斷絕聯繫下落不明的衝動行徑。

解離性漫遊症的另一個特點，是完全想不起過去的家人或朋友，如果在一個地方重新恢復了過去的記憶，也會喪失在其他地區生活過的記憶。曾經有解離性漫遊症案例是一個在首爾做生意的人，破產後由於精神壓力而離開家人，搬到釜山結婚並開始新的生活，對於在首爾的家人完全沒有印象。

對於電影、連續劇和小說的創作者而言，解離性漫遊症這種疾患正因其戲劇性而吸引人，然而現實中的「解離性漫遊症」並不像電影或連續劇那樣，總是能以美好的結局收尾。在生意失敗或失業等精神衝擊下，就有不少人因為罹患解離性漫遊症而四處遊蕩，最終下落不明。精神醫學科專科醫師金漢圭表示：「突然離開家或工作崗位，沒任何預兆就跑去旅行或失蹤，這就是解離性漫遊症。」、「短則幾小時，長則有持續好幾年的可能。」[23] 雖然沒有統計資料，但是在精神疾患罹患率推測較高的露宿街頭人口中，可能也有受到解離性漫遊症影響而離開家人和工作崗位四處流浪的人。在醫療連續劇中，我們經常可以看到無家可歸的人原本不知道自己是誰，在被送到急診室切除大腦腫瘤或接受適當的藥物治療後，戲劇性地找回自我身分的情節。

解離性身分疾患是能編造出來的嗎？

分裂的人格是否真實存在，抑或是個人為了逃避責任或壓力而編造的謊言，這是長久以來持續的爭論。解離性身分疾患（多重人格障礙）的人通常擁有較高的「可受暗示性」（陷入別人暗示的性質），在治療或催眠中，藉由諮商者的誘導性提問，可以創造出新的替代人格（alters）。

有半數的解離性身分疾患患者在童年時期有過想像的朋友。在大約九歲時，區分現實與幻想差異的能力便會開始發展，但是可受暗示性較高的人在經歷創傷後可能無法維持單一人格，從而分裂出複數的人格。要想治療童年創傷，關鍵在於早期創傷記憶，尤其是與性虐待相關的早期創傷記憶是否準確。

過去在美國對解離性障礙的關注度很高的時候，有很多心理治療師因為基於編造的記憶所提出的虛假指控而遭到起訴。因為要編造虛假的記憶實在過於簡單，患者也可能堅決相信自己的記憶是真的。我們可以透過各種研究發現，只要在人們的腦中植入虛假的記憶，人們就會將其當成真實，甚至逐漸補足根本不存在的細節。

在韓國人心中，二〇一四年四月十六日造成三百多人罹難的「世越號事件」留下了集體性的創傷，有很多人聲稱對於輪船沉沒的新聞傳出的那一刻記憶猶新。然而，他們的記憶可能並不像他們相信的那樣如照片般準確；因為認為遺忘本身就是對犧牲者的不尊重，所以即使記憶模糊或扭曲，他們仍然覺得有必要記住那一刻。事實上，誰也不知道有多少人扭曲了自己當時的記憶。

人格切換的瞬間

如果一個角色患有解離性身分疾患，可能是由於過去無法承受的創傷，於是形成多重人格以保護自己。如果是假扮解離性身分疾患以逃避處罰或懲罰他人，那麼對於切換人格的那個「開關」瞬間的描寫就非常重要。

在電影〈驚悚〉中，艾倫（艾德華．諾頓飾）是一個口吃、純真的十九歲少年，但是在被受人景仰的大主教洛許曼性虐待後殺害了對方。律師馬丁．維爾（李察．吉爾飾）給關在牢房裡的艾倫觀看性虐待的證據——色情錄影帶後，艾倫突然轉變成另一個名為洛伊的人格，見到這一幕的維爾決定主張艾倫精神異常以爭取無

罪。在法庭上，維爾用同樣的方法追問艾倫，使其切換成邪惡人格的洛伊，最終艾倫由於解離性身分疾患的精神異常獲判無罪並被送進醫院。然而，一直對艾倫心存猜疑的維爾事後去找他時，才發現艾倫和洛伊的人格都只是在演戲。

創作者如果想創造一個角色，來找出假裝解離性身分疾患的破綻，或者揭露對方只是在演戲並進行攻擊，不妨參考以下的實際案例。

一九七〇年代後期，美國洛杉磯等地發現了十名年輕女性遭到絞殺的屍體，後來在遙遠的華盛頓也發現了兩名女性以同樣的手法被殺害。這名連環殺人犯被稱為「山腰絞殺手」（Hillside Strangler），肯尼斯・畢安奇（Kenneth Bianchi）也以嫌疑犯的身分被捕。在偵查過程中，他透過辯護律師主張自己患有解離性身分疾患，並將殺人的罪名歸咎於另一個名叫「史蒂夫」的人。

對此，檢方在法庭上找來了精神醫學方面的專科醫師，同時也是催眠和解離性身分疾患的專家——馬丁・俄爾恩（Martin Orne）當證人。俄爾恩在與肯尼斯面談時故意說：「如果真的有解離性身分疾患，至少會出現三個人格。」結果肯尼斯立刻創造了第三個人格「比利」。

透過與肯尼斯的周邊人物交流，俄爾恩發現在他被捕之前並不存在第三個人格。如果真的有人格分裂的情況，每個人格在個性特點乃至身體能力上應該有明顯的區別，但是肯尼斯聲稱的「人格們」之間並未觀察到顯著的差異。由於馬丁・俄爾恩的考證，肯尼斯基於精神障礙所提出的無罪主張遭到駁回，被判處無期徒刑。

學者症候群：智力低下、受限的情感表達與超凡的才能

學者症候群（savant syndrome）。指的是智力在正常水準以下、情感表達極度受限的人，在某個特定領域展現出超凡才能的罕見症狀。根據學者症候群研究的權威人士——美國威斯康辛大學醫學院的教授達洛德・崔佛特（Darold Treffert）的說法，學者症候群約占自閉症群體的百分之十。「savant」一詞則是來自法語，意思是學者或智者。學者症候群被認為是大腦功能異常的結果，男性的確診人數為女性的四倍，或許是因為這樣，在電影或連續劇中出現的學者症候群患者通常也是以男性為主。

電影〈雨人〉（*Rain Man*）中的雷蒙（達斯汀・霍夫曼飾）擁有驚人的記憶力，只要看一遍電話簿，就能記住所有的電話號碼，就連打翻的牙籤數量都能即時計算出來。

韓國電影〈那才是我的世界〉中的吳振泰（朴正民飾），即便是只有聽過一次的曲子，也能直接彈奏出來。

韓國連續劇〈好醫生〉中的朴施溫（周元飾）雖然患有自閉症，但是憑藉著卓越的背誦能力與空間認知能力，出色地執行醫師的工作。

韓國電影〈證人〉中的智友（金香起飾）藉由其優秀的記憶力，成為解決謀殺案的關鍵證人。

在特定領域展現超凡的才能

行為特徵

學者症候群的特點是，他們往往在特定領域擁有超凡的才能。在現實中，有一位患有學者症候群的英國畫家斯蒂芬・威爾特希爾（Stephen Wiltshire），他乘坐直升機在紐約上空飛行二十分鐘後，就能將自己看到的所有畫面如實地還原出來。

自閉症患者在與他人交流時有問題，卻能展現超乎常人的能力，這點能夠刺激讀者和觀眾的想像力。除此之外，學者症候群患者的能力往往有助於連續劇朝向戲劇性發展，抑或是成為解決問題的關鍵線索。在沒有展現超凡能力的時候，他們脆弱的一面也能形成一種強烈的對比，可以最大化觀眾對角色的代入感。

左腦與右腦的不平衡

根據推測，學者症候群的成因是左腦與右腦在功能上的不平衡。當左腦功能受損時，右腦會代償性地異常活躍，導致某些特殊能力的出現。一般來說，在胎兒階段，如果左腦發育時男性荷爾蒙分泌過多，左腦就會受到損傷，進而可能導致學者症候群，這也是男性患者比例較高的原因。

除此之外，當連接左腦和右腦的胼胝體功能異常、因為失智症或其他疾病而受損時，也會發生類似的現象。

智力低下及缺乏情感表達而難以溝通

學者症候群患者除了在特定領域上擁有超乎常人的能力以外，還有智力低下，以及情感表達受限的特點，因此在處理人際關係和扮演社會角色時往往會遇到困難。如果沒有外界的幫助，通常很難應付一般的日常生活，比如說在普通學校讀書或正常就業等。

學者症候群的角色設定：自閉症光譜中的罕見情況

與父母的關係、教養方式

由於學者症候群主要是由生理上的原因引起，所以不需要特別針對這點進行著墨。過度描繪患有學者症候群的角色有時會降低劇情的說服力，因為學者症候群在盛行率（prevalence rate）不到百分之一的自閉症光譜中也屬於非常罕見的現象。

脆弱狀態、衝突因素

由於自閉症患者特有的互動方式，可能導致與其他登場人物之間產生衝突。

特定情境下的行為

犯罪：對與其他人之間的互動缺乏興趣

自閉症患者通常對於與其他人之間的互動不感興趣，所以很難想像他們會產生犯罪意圖，故意犯下什麼罪行。然而，如果有人試圖利用他們超乎常人的能力，他們無意間的行為所引發的結果就有可能與犯罪扯上關係。

作家竹良實創作的漫畫《在地獄邊緣吶喊》以一五四二年神聖羅馬帝國（現今的奧地利薩爾斯堡）為背景，當時舊教（天主教）和新教（基督教）之間的對立越演越烈，故事講述了主角「埃拉」被強制送到克魯斯湯魯姆修道院，由於被認為是魔女之子而遭受虐待，於是與擁有相似處境的少女們聯手抵抗，誓言推翻修道院。

故事中的對立角色（antagonist）是修道院的總長艾德爾加爾德，他有很大的野心，不擇手段也要掌握教廷，於是他利用赫爾加・福爾根「任何資料只要讀過一遍就絕對不會忘記」的能力，抓住了舊教貴族與教廷主教們的弱點。

赫爾加在試圖逃離修道院時遭到了拷問，從此身心受創，在拷問後她得了後遺症，獲得像學者症候群一樣的能力。在漫畫中，使用了一種「感官剝奪艙」[24]作為拷問修道院生並且激發學者症候群的戲劇性手段。

在故事中，大部分的修道院生都精神崩潰，赫爾加則是在覺醒的同時得了學者症候群。然而實際上，自閉症光譜與學者症候群都是天生的，無法在後天獲得。赫爾加因為拷問的後遺症而關上心扉、停止與他人互動這點是有可能的，但是獲得像學者症候群這樣的能力，只能夠當作是為了符合劇情需要才有的設定。

亞斯伯格症候群：智力正常但缺乏同理能力

由於先前韓國連續劇〈非常律師禹英禑〉的熱播，大眾對於亞斯伯格症候群（Asperger syndrome）的關注度也隨之增加。亞斯伯格症候群與學者症候群一樣，也是一種自閉症光譜障礙。雖然亞斯伯格症候群在溝通與社交上有困難，但是也有在特定領域表現出卓越能力的人，這點很容易與學者症候群產生混淆，而亞斯伯格症候群的不同之處在於，他們的語言與智力發展是正常的。印度電影〈我的名字叫可汗〉（*My Name Is Khan*）中的可汗（沙魯克汗飾）是智商一六八的天才；也有傳聞菁英企業家比爾・蓋茲（Bill Gates）和伊隆・馬斯克（Elon Musk）皆患有亞斯伯格症候群。

社交生活遇到困難

行為特徵

雖然亞斯伯格症候群的語言發展正常，但是理解他人話語的能力（同理）較為低落，抑或是有特別的說話方式和語調等。他們對於特定主題會表現出強烈的興趣，在採取行動時不會考慮對方的反應，因此在社交生活中往往會遇到困難。

亞斯伯格症候群的成因目前尚未釐清，但是已知家族成員中同樣患有亞斯伯格症候群的機率較高，由此可以推測其成因可能受到遺傳的影響。亞斯伯格症候群是與大腦損傷等腦神經系統有關的一種疾患，因為其成因與症狀不明確，所以有時會與注意力不足過動症（ADHD）、類思覺失調症、思覺失調症、強迫症或雙極性情感疾患產生混淆。

亞斯伯格症候群的角色設定：難以順利與他人進行互動

脆弱狀態、衝突因素

雖然亞斯伯格症候群具有與學者症候群相似的特點，但是由於沒有明確的成因和症狀，所以要將其設定為一部作品的主角有點難度。儘管亞斯伯格症候群常常被描述成天才，然而正如同學者症候群一樣，亞斯伯格症候群本身並不意味著擁有天才般的能力，這點要多加注意。〈非常律師禹英禑〉描述了社會對於一般自閉症光譜障礙患者及自閉症光譜障礙的偏見，抵銷了這部分的疑慮。

亞斯伯格症候群患者智力正常（智商大於八十），只要接受適當的訓練和照顧，就有可能在表面上毫無障礙地適應社交生活或職場生活；但是亞斯伯格症候群的患者在與其他人互動時，往往還是會遇到困難。與對其他人沒有興趣的自閉症患者不同，亞斯伯格症候群患者可以與人對話，也可以進行眼神交流，對於人際關係依然有一定的渴望，雖然可能顯得有些生疏，但是他們會努力建立雙向的關係。

亞斯伯格症候群患者的問題在於，他們在社交互動中的反應有時不太恰當，因此在與他人建立關係的過程中很容易遭遇挫折和受傷。另外，他們有興趣的領域通常較為狹窄而深入，所以不太擅長跟別人攀談或閒聊。即使對於一些常見的話題有基本的知識，可以簡單地交換意見，但只要不是自己喜歡的話題，他們往往不太會開口，抑或者只說自己想說的話。

除此之外，亞斯伯格症候群患者在語言使用上也存在問題。舉例來說：講話內容冗長且繁雜、突然改變話題，只按照字面上的意思來理解對方說的話，不明白話中真正的含意，或者使用只有自己聽得懂的代號。其他還有不擅長傾聽、炫耀自己的知識、堅持某種固定的格式、使用特殊的說話方式，或是聲音的大小、語調、韻律和節奏維持單調等[25]。與其他自閉症光譜障礙一樣，亞斯伯格症候群在感官上非常敏感，可能會偏好某些食物，或是堅持某種特定風格、材質的衣服或工具。

因為亞斯伯格症候群患者在社交互動上有困難，而且會堅持自己的原則和某些固定的行為，這點在創作中經常被描寫成與其他角色產生衝突的原因，故事的主線則是他們以自己的原則和超群的能力解決普通人看不到的問題。除此之外，社會對於自閉症光譜障礙的偏見也是重要的衝突因素之一。

特定情境下的行為

日常：結婚的可能性

具有自閉症光譜的人占整體人口的百分之一，數量並不少。而他們有百分之八十找不到工作，即使就了業，在工作中通常也沒辦法充分發揮自己的能力；不過在部分業界，尤其是理工業界，有些公司會看重這種專注於特定領域的能力而僱用他們。在矽谷工作的工程師中，很有大的比例就是具有自閉症光譜的人，所以也有一說是在矽谷工作的人，（根據遺傳因素）孩子具有自閉症光譜的機率會比其他行業來得高。

亞斯伯格症候群患者可能沒辦法發展出深入的人際關係，但是透過職業訓練，只要找到自己能夠獨立完成的工作，也可以結婚生子，過上正常的生活。隨筆《來自大猩猩王國的孩子》（*Songs Of The Gorilla Nation*）的作者唐・普林斯—休斯（Dawn Prince-Hughes）在三十六歲時，被診斷為自閉症的一種——亞斯伯格症候群，一直以來她都不明白自己與其他人有什麼不同，只能在人類的世界裡面對輕蔑與嘲笑，獨自承受傷害。

有一天，她偶然參觀一間動物園，踏入了大猩猩的世界，藉由觀察大猩猩來學習與其他人無法達成的互動。她透過大猩猩了解到各種情感的本質和規則，學會如何正確表達自己的情感、理解對方的情感，以及與人類的溝通方式。就這樣，她成為了研究大猩猩的人類學博士。除此之外，身為同性戀的她遇見了很棒的女性伴侶，並且與其組建家庭，還生了孩子。透過這個案例我們可以了解到，只要有了治療、周遭的理解和幫助，亞斯伯格症候群患者也能夠正常組建家庭。

電影〈模仿遊戲〉（*The Imitation Game*）描述主角艾倫・圖靈（Alan Turing，班奈狄克・康柏拜區飾）在第二次世界大戰期間破解德國使用恩尼格瑪密碼機加密過的軍事情報的真實故事。艾倫・圖靈是數學家、密碼學家、邏輯學家，同時也是計算機科學的先驅人物，透過名為「圖靈機」的抽象模型將演算法與計算概

念形式化，對計算機科學的發展做出了重大的貢獻。

艾倫・圖靈患有亞斯伯格症候群，雖然極度聰明，但是在人際關係中卻顯得非常笨拙。艾倫・圖靈是由十幾名優秀成員組成的研究小組——密碼學部門（GCCS）的領導人，負責對德國柏林的潛水艇發送的訊息進行編碼和解讀。圖靈在與組員們合作時屢屢碰壁，儘管如此，他依然成功破解德軍的密碼，對當時電腦的發展也產生了重大的影響。

圖靈的成就本來應該獲得肯定，並且就這麼走向美好的結局，但因為他是同性戀，而當時的同性戀被視為罪犯，所以他被警方以同性戀的罪名逮捕。為求能夠繼續研究，他被迫接受轉換療法[26]，選擇化學閹割來代替入獄，最終他吃下了沾有氰化鉀（青酸加里）的蘋果自殺身亡。在電影開頭，警方接獲報案圖靈的研究室失竊，當警察出動時，圖靈卻在清掃打翻在地上的氰化鉀，整個研究室一團混亂，描繪了圖靈與警察糟糕的互動。這個場景預示了他迎來悲劇性死亡的結局，也可以說是一種首尾呼應。

在漫威英雄電影〈星際異攻隊〉（Guardians of the Galaxy）中，在失去妻女後為了復仇而加入星際異攻隊的德克斯（戴夫・巴帝斯塔飾），是一個力量強大、直來直往的外星人。由於所屬的種族特性，他講話直白而率真，在與其他成員聊天時，即使是一般人在普通對話中不會選擇的話題，比如說性或骯髒的話題等，只要他想到就會直接提起，絲毫不在意其他人的看法。

然而，他並非缺乏情感或試圖孤立自己，不願意與其他人來往，相反地，他非常珍惜星際異攻隊的每一位成員，甚至視他們為自己的家人。以德克斯的言行舉止來看，只要將亞斯伯格症候群的特性套到外星人的設定上就很好理解了。電影中的另一個角色「螳螂女」可以透過與其他人的肢體接觸感知對方的情感，儘管擁有這樣的能力，但是身為伊果的星球上唯一的生命體，她絲毫沒有任何社交的經驗，而德克斯與她的對話所激盪出的加乘效果，也被公認為最佳的喜劇場景之一。

犯罪：網路上的鍵盤大戰

由於亞斯伯格症候群患者身上「缺乏社會化」的特質，周圍的人常常會認為他們是「古怪、獨行俠、怪咖」，因此很容易成為校園霸凌的受害者，有些人甚至會乾脆放棄交朋友。雖然他們也可以參加一些對新成員較為寬容的教會活動，但是因為缺乏社會化，所以往往沒辦法持續太久。

與自閉症光譜障礙不同，亞斯伯格症候群患者還是有交友的欲望，他們喜歡網路活動，因為不需要解讀非語言的訊號，不用看著對方的臉就能進行交流。然而，如果對話或文字持續一段時間，就會暴露出他們缺乏解讀句中含意和理解隱喻的能力。除此之外，由於講話直白的習慣，他們也可能在網路上與人發生爭執，捲入所謂的「鍵盤口水戰」。幾年前在韓國特定的論壇曾經流行過「完全體」這個詞彙，表示一個人不好相處，就和遊戲關卡裡魔王的完全形態一樣難對付，用來形容缺乏社會技能的人，我想有一部分指的大概就是亞斯伯格症候群患者。

雷普利症候群：想要變成另一個更酷的人、不甘於自己原本樣貌的欲望

「雷普利症候群」（Ripley syndrome）患者會相信自己創造出來的世界觀就是現實，這個名詞源自於美國小說家派翠西亞・海史密斯（Patricia Highsmith）的小說《天才雷普利》（*The Talented Mr. Ripley*），也被稱為病態說謊或幻謊。從他們會將非事實當作事實這一點來看，也可以將其視為妄想症（思覺失調症光譜）的一種，為了守護自己創造出來的世界觀，甚至不惜採取犯罪等反社會行為，這點也體現了反社會型人格障礙的特性。

相信自己創造出來的世界就是現實

行為特徵

雷普利症候群患者會徹底隱藏自己原本的樣貌，扮演他們渴望成為的另一個人的形象。可能像小說改編同名電影〈天才雷普利〉中的雷普利一樣操作縝密，也可能像韓國電影〈謊言〉的雅英一樣，得要撒更大的謊來掩蓋謊言，從而陷入困境。電影〈火車迷蹤案〉中的慶善也經過精心設計以另一個人的身分重新開始生活，沒想到信用卡查詢這一單純的手續最終竟成了她的絆腳石。

不過令人意外的是，演技對於雷普利症候群患者來說通常並不是什麼太大的問題，因為他們已經把自己塑造成另一個人了。

接下來以小說《天才雷普利》中的雷普利為例。飯店服務生湯姆・雷普利殺害了富豪與社交界知名人士的朋友迪基，以他的身分展開新生活，他的虛假生活直到迪基的屍體被發現後才得以告終。這部小說後來被改編成電影〈陽光普照〉（*Blazing Sun*），由亞蘭・德倫（Alain Delon）主演，並在一九九九年重新製作成麥特・戴蒙（Matt Damon）主演的電影〈天才雷普利〉。在韓國，這個故事還被

改編成了連續劇〈Miss Ripley〉。

在韓國電影〈火車迷蹤案〉中，負債累累的慶善接近沒有家人獨自生活的善英（車秀妍飾），將其殺害後以對方的身分重新展開生活，所以才會出現電影開頭的那一幕：與動物醫院院長文浩（李善均飾）有婚約在身的善英，在開車回老家跟未來公婆打招呼的路上於高速公路上的休息站人間蒸發。這部電影改編自日本作家宮部美幸的小說。

在韓國電影〈謊言〉中，雅英（金花雨飾）儘管年紀輕輕，但她經常參觀大坪數的高級豪華公寓，也會在百貨公司購買昂貴的家電產品（雖然立刻就拿去退款），她說自己即將和開進口車的有錢男友結婚，看似擁有完美的人生，但實際上她只是一個貧窮的皮膚科診所助理護理師。

無意識的行為與欲望

他們渴望成為人們景仰的帥氣人物，不甘於真實的自我面貌，因此有很高的機率患有自戀型人格障礙和戲劇化（表演型）人格障礙。當崇高的自我理想遇到冷酷的現實時，他們就會想要逃避眼前的現實，產生以其他人身分生活的欲望；就像在遊戲中厭倦了原本扮演的角色，轉而選擇其他角色一樣，他們會偽裝成其他人，而不是為了成為自己渴望的樣貌做出有建設性的努力。

對於被自己偽裝的模樣欺騙的人，他們完全不會感受到良心的譴責，只在乎自己的真實樣貌遭到暴露的風險。

為什麼會產生雷普利症候群呢？

雖然具體原因尚未釐清，但是雷普利症候群患者通常來自貧困和下層階級的群體，此外他們創造的世界與真實的自我面貌完全相反，從這兩點來看，我們可以推測與對於現實的否定，以及想要達成原本受挫的欲望有關。他們的感知沒有問題，不會真的相信自己的幻想，所以並不像思覺失調症一樣缺乏現實檢驗的能力。然而，為了否定自身實際所處的情境（現實），他們會選擇特定的對象或特定的情境將自己的幻想轉化為現實。

當偽裝的自我與現實的差距越來越大時

當透過謊言包裝的自己與現實的差距越來越大時，因為擔心自己偽裝的身分會被揭穿，焦慮和壓力也會排山倒海而來。為了忘卻這種焦慮，他們往往會更加執著於自己偽裝的身分，最終導致無法在現實中正常生活（妄想症）的狀態，抑或是陷入無助感和憂鬱症，甚至做出極端的選擇。

在韓國作家李清俊的短篇小說《趙萬得先生》中，趙萬得因為理髮師的收入不高，家裡有年邁的母親必須照顧，弟弟又一天到晚上門要錢，從而感到痛苦不已，最終產生了自己是大富豪的妄想。接受治療的他開空頭支票給主治醫師，以為自己再也不需要為金錢而煩惱，但他的現實只是越來越糟。

為了守護自己創造的世界觀

守護自己創造的世界觀往往是他們的犯罪動機。為了獲得自己想要的角色身分，為了讓自己的謊言不被揭穿，他們連殺人都在所不惜。由於他們的存在本身就是虛假，因此所有為了編造和維持這份虛假所進行的假冒身分、偽裝就業（帶有特定目的潛入職場的行為）和詐欺等行為都可能構成犯罪。

雷普利症候群的角色設定：自尊心極高的性格

遭遇經濟和環境上的困難

在經濟和環境上遭遇困難的時候，這個角色很有可能因為自尊心太高而無法接受眼前的狀況，此時如果再發生讓他難以忍受的重大事件，就很容易產生想成為另一個人的衝動。若進一步搭配上足以矇騙他人的卓越頭腦與細心，即可以成為極佳的驚悚片或犯罪作品題材。

脆弱狀態、衝突因素

當謊言被揭穿，抑或是周圍的人開始懷疑主角的言行時，就很容易引發衝突；與主角謊言形成對比的悲慘現實也會提升觀眾的緊張感。

孟喬森症候群與代理型孟喬森症候群

另一種容易與雷普利症候群產生混淆的是孟喬森症候群（Munchausen syndrome）。雷普利症候群是為了在現實中實現過度膨脹的自我形象，孟喬森症候群則是源自於博取他人關注的欲望。其出現的症狀是儘管實際上沒有任何身體異常，也會謊稱得病或自殘來引起他人的關注。

這些人大多是由於過度保護導致缺乏自理能力，抑或是與父母關係不佳，所以轉而追求他人的關注與愛護，這種症狀可以說是依賴型人格和戲劇化（表演型）人格混合。孟喬森症候群患者主要虛構的是身體症狀和疼痛，這點與雷普利症候群有所不同。

除此之外，還有另一種現象是謊稱其他人的病情以獲得別人的關注，而非虛構自己的症狀或疼痛，這種情況被稱為「代理型孟喬森症候群」（Munchausen syndrome by proxy），電影〈逃〉（*Run*）和〈愛你到死〉（*Love You to Death*）便是以此為題材的作品。

孟喬森症候群：裝病以獲得關注的病態心理

「臼齒爸爸」李永鶴

這是孟喬森症候群的極端案例，他以自己和子女為賭注，試圖藉此獲得關注與金錢，同時也有戲劇化（表演型）人格障礙和反社會型人格障礙的疑慮。在被稱為「心理病態測試」的PCL-R檢查中，李永鶴得到二十七分（二十五分以上即判斷為心理病態），讓這項猜疑得到了證實。

他聲稱自己和女兒都患有一種名為「巨大牙骨質瘤症」的罕見疾病，也經常在媒體上表示自己和年紀輕輕就結婚的妻子一起過著貧窮但堅強的人生。然而，他將自己的悲劇當作商品，透過出版、廣播等媒介收取數億韓元的捐款後據為己有，與女兒一起誘殺女兒的朋友，逼迫妻子下海賣淫導致其自殺等，肆無忌憚地做出許多令人髮指的行為，最終他被判處無期徒刑，目前正在服刑中。

戲劇化人格障礙的患者如果是女性通常會呈現優雅的演技，而男性則容易表現出反社會的特性。從這點我們可以懷疑，社會上對於定義女性特質的方式，以及像《DSM-5》這樣的診斷工具是否存在社會性別的偏見。

代理型孟喬森症候群：藉由照顧病人以獲得關注的病態心理

史蒂芬・霍金博士的妻子——伊蓮

史蒂芬・霍金（Stephen Hawking）在被診斷為肌萎縮性脊髓側索硬化症後，就與長期照顧自己的妻子珍・霍金（Jane Hawking）由於宗教因素離婚，並與曾是自己看護的伊蓮再婚。在接下來的幾年裡，霍金的身上陸續出現傷痕，因為手腕骨折、全身瘀青等問題接受治療，伊蓮也全心全意地照顧他。身體逐漸僵硬的天才科學家，以及憑藉醫療專業照顧他的妻子，這樣的組合讓伊蓮受到了極大的關注。

然而，前妻珍、兒子和醫護人員在看到史蒂芬・霍金反覆受傷後，開始懷疑是伊蓮患有代理型孟喬森症候群。雖然霍金本人極力否定這項質疑，但是有鄰居拍到霍金在盛夏超過四十度的大熱天裡被放在花園裡好幾個小時，證實他受到虐待；伊蓮也放棄為自己辯護，最終霍金和伊蓮以離婚收場。後來伊蓮進入精神病院接受治療，有傳言說因為失去了先前照顧霍金時獲得的媒體關注度，所以她的情緒一直很不穩定。

在電影〈逃〉中，媽媽黛安（莎拉・保羅森飾）悉心照顧飽受各種疾病折磨，甚至無法走路的女兒克蘿伊（綺拉・艾倫飾）。但事實上女兒克蘿伊根本沒有生病，是黛安給她餵了誘發各種疾病的藥物，將她變成病人再假裝照顧她，藉此完美地操控著克蘿伊。

在經過持續的調查後，克蘿伊得知了令人震驚的真相——原來真正的克蘿伊在很小的時候就去世了，黛安在她還是嬰兒時就綁架了她，讓她患上各種疾病，照顧她的同時也將她培養成現在的樣子。電影自此之後便轉變成克蘿伊努力擺脫黛安控制的驚悚片，最終克蘿伊在醫護人員和警察的幫助下成功逃脫。

行為規範障礙症：觸法少年與非行青少年

韓國通常將青少年犯罪者稱為「非行青少年」。從法律上的角度來看，非行指的是未成年的青少年觸犯刑法的行為，換句話說，如果犯罪的不是成年人，其犯罪即屬於非行，不過也有人認為離家出走、違反門禁、逃學等行為也屬於青少年的非行。

從社會公義的觀點來看，非行可以泛指青少年犯下的所有偏差行為，無論是否構成犯罪，比如說對他人採取攻擊性的行動、逃學、偷東摸西、毀損公物、濫用藥物、性生活混亂等，大部分都是所謂「不良少年」會有的行為。當青少年在社會上做出什麼不恰當的行為時，通常會被轉介到學校或區域性的青少年團體，由少年法院予以處分，但是從法律上的觀點來說，也不一定會被認定為犯罪。

在韓國，滿十歲但未滿十四歲觸犯刑法的少年或少女，被稱為「觸法少年」。這些觸法少年因為未滿十四歲，不具有刑事責任能力，無法對於自己的罪行負責，所以不會受到刑法的處罰。此外，未滿十八歲的青少年雖然會受到處罰，但是會透過家庭法院進行審理，而不是刑事法院，這點與成年人的犯罪有所不同。

非行青少年的行為規範障礙症與反社會行為傾向

非行青少年通常很容易表現出行為規範障礙症（conduct disorder）與反社會行為（anti-social behavior）的傾向。規範障礙症包含偷竊、縱火、離家出走、逃學、破壞公物或虐待動物等行為；如果具有規範障礙症特性的青少年在長大成人後依然持續表現出嚴重的攻擊行為，就很有可能被診斷為反社會型人格障礙。

青少年在達到心理與社會成熟之前，智力成熟度會先獲得發展，十六歲以上的青少年在邏輯推理和語言能力上幾乎與成年人的水準相當，對於危險的感知和脆弱性的估算能力也與成年人無異。換句話說，青少年就像成年人一樣，能夠了解一件事情的危險性，但是在某些特定情況下，他們的社會、情緒判斷能力與成年人相比可能會有所下滑。

舉例來說，如果缺乏父母或其他成年人的管理或監督，在面對能夠即時獲得回報的競爭條件或支付條件時，青少年一時沖昏頭，可能就會喪失決策能力。比如說在完全沒有人管理、可以輕易取得金錢和商品的無人咖啡店裡，十幾歲的青少年即使知道自己的犯行會被監視器錄下來，依然會犯下偷竊的行為；有些人甚至會滯留在犯罪現場，待在那裡玩樂。因為儘管心裡明白被發現會受到處罰，但是眼前的回報影響了他們的判斷能力。

然而，與嬰兒或兒童不同的是，青少年明白自己在做什麼，以及法律上可能面臨的後果，但依然會犯下罪行或做出不良行為，且其暴力性和殘忍的傾向並不亞於成年人。這一點在校園暴力中尤為明顯，從單純的欺負到有組織的霸凌和性暴力，甚至教唆被害學生對其他被害學生採取犯罪行為，或是像成年犯罪者一樣組織犯罪集團來剝削受害者。

近來由於媒體報導，加上受害者父母的請願和踢爆，讓這類青少年的犯罪問題逐漸浮上檯面，大眾輿論也開始呼籲要讓青少年犯罪接受與成年人相同的處罰，還有降低或取消觸法少年的最低年齡。

日本電影〈告白〉改編自湊佳苗的同名小說。兩名性格扭曲的男中學生只是為了引起注意，滿足其虐待心理，竟然殺死了一位年幼女童。該校失去自己幼小女兒的教師平靜地告訴大家，她知道犯人是觸法少年，所以不會受到處罰，並在其他學生面前表示她在兩人喝下的牛奶中混入了愛滋病患者的血液。故事將母親為女兒報仇與教師對學生動用私刑的情節結合，帶來極具衝擊性的結局。

小說《天使之刃》是藥丸岳於二〇〇五年的出道作品，並且榮獲專門授予推

理作家及作品的江戶川亂步獎。故事敘述一群年僅十三歲的少年搶劫並殺害了主角的妻子，主角在得知日本刑法第四十一條規定「未滿十四歲的少年不承擔法律責任，亦不會被逮捕」[27]後，對於無法為妻子報仇感到絕望。

仁川兒童誘拐殺人事件

這起事件發生於二〇一七年三月二十九日，高中輟學的金姓女子（當時十六歲）在仁川廣域市延壽區東春洞誘拐殺害了國小二年級的女學生A。當時，金姓女子在犯行兩個月前，透過推特的「自創角色社群」（以自行創作的「自創角色」根據預設的劇本和其他人的「自創角色」進行對話或交流的社群）認識了幫凶朴姓女子（當時十八歲），還聊了很多有關死亡與謀殺的話題。

據了解，嫌犯金姓女子先是誘拐事先盯上的被害者回家，接著便將其殺害，還毀損了屍體。金姓女子甚至在首爾與朴姓女子見面，將部分屍體轉交給對方，這起事件震驚了整個社會。兩人當時雖然並非觸法少年，但是由於尚未成年，最高也只能判處二十年的刑期。起初金姓女子表示是自己獨自作案，後來又改口聲稱受到朴姓女子的指使。檢方也認為朴姓女子不僅是幫凶，還實際參與了謀殺，所以將起訴罪名從幫助殺人罪變更為殺人罪，法院也接受了這項說法。在最終上訴的庭審中，金姓女子被判處二十年有期徒刑，還要配戴電子腳鐐三十年，共犯朴姓女子則以共謀殺人罪被判處十三年有期徒刑。

電影〈凱文怎麼了?〉（*We Need To Talk About Kevin*）改編自蘭諾・絲薇佛（Lionel Shriver）的同名小說，細緻地描寫了一位母親對於兒子成為校園大屠殺殺人犯的心理。依娃（蒂妲・史雲頓飾）因為意外懷孕而結婚，在撫養兒子凱文（伊薩・米勒飾）時，她注意到凱文有些不尋常的地方。凱文堅決拒絕大小便的訓練，在爸爸面前是個乖巧的好孩子，對依娃的話卻充耳不聞，像是故意要和媽媽唱反調的樣子。對於這樣的凱文，依娃並沒有給予理解或關懷，而是表現得很冷淡。

隨著依娃生下與凱文相差八歲的小女兒希莉亞，母子關係進一步惡化。與凱文不同，小女兒可愛又聽話，很得依娃的疼愛，這也讓凱文更加反抗依娃。凱文在廁所自慰時，看到依娃進來非但沒有停止動作，反而直直地盯著依娃直到她離開，這個場景深刻地描繪了凱文對於媽媽依娃的敵意與遺憾。出於對妹妹的嫉妒，凱文設計一場意外害希莉亞的其中一隻眼睛失明，又用爸爸送給自己的運動用弓箭殺害爸爸和妹妹。後來凱文到學校將體育館的門鎖上，用弓箭射殺了受困的一大批學生。

雖然凱文這麼做的原因有很多種解釋，但是他一直渴望的，其實只是母親無條件的愛。從凱文不斷殘殺周遭的人卻沒有殺害依娃的行為來看，可以視為孩子的一種殘酷性與依賴性的表現，因為他希望可以將自己和依娃終生束縛在一起。

最後，依娃與凱文之間真正的對話，直到凱文十八歲進入成人監獄之前才得以實現。依娃第一次詢問凱文為什麼要反抗自己，為什麼要殺害那麼多人，而凱文則回答自己以前好像知道，但現在他不確定了。依娃表示如果進入成人監獄，至今為止作為少年犯所受到的保護應該也會隨之消失，便離開了監獄。

心理病態者與社會病態者：對他人的痛苦麻木不仁

如果要參考每一種人格特性、各種類型的人格障礙、各式各樣的症候群來創造登場人物的話，就必須考量到登場人物之間的相互作用。主角和死對頭、好人和壞人、主角為了成長需要挑戰和打倒的反派等，每個角色都應該要有各自的特色，讓故事更為生動。

如果想為與主角對立的角色（antagonist）設定完全相反的負面、邪惡面貌，那麼應該賦予他們什麼樣的特質呢？也許很多人會聯想到心理病態（psychopathy）者或社會病態（sociopathy）者。

並非神祕不可測的惡人

在問到「心理病態者和社會病態者都是什麼樣的人？」的時候，大家通常會提到缺乏同理心、沒有罪惡感、以作惡為樂、天生邪惡等特徵。雖然這些敘述從某種程度上來說是對的，但是就心理病態者和社會病態者在醫學和心理學的定義來說並不完全準確。

在精神醫學和心理學上，已經有好幾年沒有特別區分心理病態者和社會病態者。取而代之的是把兩者混用，將其視為一種大腦處理同理心與道德觀念的特定部位存在缺陷的大腦功能障礙。換句話說，他們不是神祕不可測的惡人，而是因為大腦功能問題導致部分社會功能缺失的疾病患者。

創作者可以將心理病態者或社會病態者的人物與主角進行對比，或者強調其相似之處，讓他們如同行星與恆星般相互輝映。另外，由於心理病態者和社會病態者能夠輕易做出主角永遠做不到也不會做的事情，創作者可以藉此強調他們的惡或主角的善良。他們就象徵著主角無論多麼努力都無法剷除的絕對之惡或必要之惡，處處妨礙主角背負的任務，這樣的反派設定可以為故事的發展增添很大的樂趣。

除此之外，主角的優缺點反過來或許就是心理病態者和社會病態者的優缺點。無論我們有多喜歡吃甜食，吃一吃難免也會吃膩，所以主角的優點可能也會讓讀者或觀眾感到乏味。不過要是此時出現一個心理病態者和社會病態者的角色，與主角的優點形成鮮明對比的話會變得如何呢？這或許可以喚起讀者及觀眾的興趣，就像吃點鹹的東西讓吃膩甜食的舌頭休息一下，接著吃到甜食便會感到更加美味，這就是為什麼我們會對「甜鹹甜鹹」的組合如此著迷。

不明白別人的痛苦所以殘忍的人vs.利用別人的痛苦變得殘忍的人

根據精神健康醫學與疾患的分類表《DSM-5》，心理病態者和社會病態者所屬的反社會型人格障礙，必須在以下七種之中表現出三種以上的特徵。

1. 不遵守法律或規則。
2. 說謊成性。
3. 行為衝動，缺乏計畫性。
4. 具有暴力性和攻擊性。
5. 不在乎自己與對方的安全。
6. 不負責任，不願承擔經濟上的義務。
7. 對於自己的行為沒有罪惡感。

在反社會型人格障礙中，心理病態者和社會病態者屬於少數。雖然根據不同資料來源結果可能有所不同，但是心理病態者和社會病態者的發生率分別為百分之一和百分之四。心理病態者和社會病態者並非診斷名，所以不像憂鬱症、思覺失調症一樣有明確的診斷標準，不過根據精神科醫師與心理學專家的說法，可以簡單統整出以下的特徵與差異。

心理病態者具有強烈的生物學和遺傳性人格，天生具備衝動和隨性的特質；換句話說，他們帶有與生俱來的先天性問題。另一方面，社會病態者則是在成長過程中由於環境因素所產生的人格問題，而且一旦問題顯露出來，就很難改正或扭轉。近來普遍認為社會病態者在年齡還很小的時候就會產生問題行為，為了得到自己想要的東西而不擇手段。

不過有一點很明確的是，心理病態者由於大腦功能缺陷，情感調節存在問題，所以往往會表現出衝動的行為。除此之外，由於無法同理和理解其他人的情感，導致他們的社會功能普遍低落，或者因此走上犯罪的道路。社會病態者也很難同理和理解其他人的情感，甚至感覺不到其必要性。

另一方面，社會病態者擅長觀察一般人怎樣同理其他人的情感，如何受到其影響或依據情感建立依戀關係，並且學習模仿和利用。實際上就有研究指出，社會病態者與一般人在觀察他人情感時，一般人掌管情感的大腦區域會產生活化現象，社會病態者腦中產生活化現象的則是掌管理解與推論的區域。

綜上所述，與心理病態者不同，社會病態者明白需要了解其他人的情感才能操縱他們，所以有必要時社會病態者可能會表現得像普通人一樣。雖然心理病態者和社會病態者都存在道德上的問題，但是社會病態者會特意研究其他人的情感，為了自身利益嘗試理解，並且藉此操控其他人。

簡而言之，心理病態者終生都不明白善與惡的區別，僅僅出於衝動和欲望行事。他們甚至不懂得吸取教訓，無法理解別人會因為自己的錯誤而承受痛苦，也沒有試圖理解的意思。另一方面，社會病態者明明能透過觀察別人了解到自身行為的錯誤，卻仍然會對他人施加痛苦、犯下罪行。

主角和死對頭甜鹹甜鹹的化學反應

光明與黑暗——克麗絲．史達琳與漢尼拔．萊克特

電影〈沉默的羔羊〉（*The Silence of the Lambs*）中的漢尼拔・萊克特博士（安東尼・霍普金斯飾）這個角色，結合了「天才＋高學歷＋高層次的美學觀＋食人＋無法控制的殺人狂＋逃犯」等各種稍微誇張的元素，由於安東尼・霍普金斯爵士精彩的演出，讓這些元素在電影中得到了完美的呈現，也影響了後來許多心理病態者的角色。

電影〈沉默的羔羊〉中的漢尼拔・萊克特博士還沒有與主角有任何互動，在首次登場時就已經是一個獨特完整的反派角色，他就像魔王城的魔王一樣「存在著」。儘管被囚禁在監獄的特殊牢房，但是他卻表現出一副不在意的樣子。與「小丑」這類狂人的反派不同，他非常理智，只是為了戲弄別人才裝瘋賣傻。他的殺人行為也是為了滿足自己吃人的慾望，醫學博士的學位完美地應用在挑選、殺害和處理糧食上。

年輕的FBI學院實習探員克麗絲・史達琳（茱蒂・佛斯特飾）奉命追蹤連續殺人魔「野牛比爾」的線索，所以她前去探訪同樣身為殺人魔的萊克特博士以尋求建議，並且與之進行交易，建立了心理側寫的師徒關係[28]。在電影的前半段，萊克特博士對克麗絲的過去進行心理側寫，嘲弄和嚇唬她的場景讓人印象深刻，這也使觀眾產生了代入感，有一種被萊克特博士的妖魔性所壓制的感受。

在整部電影中，克麗絲與萊克特博士的形象形成了極端的對比，也正因為如此，我們可以感受到克麗絲不會墮落，最終將會取得勝利，而萊克特博士也無法毀掉她。萊克特博士對克麗絲很有興趣[29]，因為克麗絲雖然年輕、做事生疏，但是帶有純潔勇敢的特質，這或許源自於克麗絲的人格魅力、善良和主角光環。

對於像漢尼拔・萊克特博士這種類型的心理病態者，觀眾幾乎沒有能夠產生代入感的部分，因為他極度聰明、可怕又殘忍，下一步行動讓人難以捉摸。實際上，這種天才型的角色很考驗創作者的功力，萬一沒有細心做好設定，甚至可能毀了整個故事。因為漢尼拔・萊克特博士大幅拉高了觀眾對於天才型心理病態者的期待，所以如果想要塑造天才型心理病態殺人魔的角色，至少要達到漢尼拔・萊克特博士的水準。

當你凝視深淵的時候，深淵也在凝視你——漢尼拔與威爾

電影〈沉默的羔羊〉裡的漢尼拔・萊克特博士擁有極高的人氣，後續也推出了各式各樣的電影版本，不過其熱門程度都沒能超越〈沉默的羔羊〉。然而，美國NBC電視台推出了電視劇〈雙面人魔〉（*Hannibal*），唯美地講述了萊克特博士在遇見克麗絲・史達琳之前與另一位犯罪心理側寫師威爾・葛蘭姆之間的關係，在全世界大受歡迎。

電視劇〈雙面人魔〉中的漢尼拔・萊克特（邁茲・米克森飾）也是醫學博士，擁有各方面的專業知識與獨特的美學觀。電視劇〈雙面人魔〉雖然像電影〈沉默的羔羊〉裡的漢尼拔一樣會吃人，但是他並沒有被描繪成令人毛骨悚然的形象，而是在社會上假裝過著正常的生活。

漢尼拔以精神科專科醫師的身分，在FBI局長的引薦下擔任諮詢顧問，表面上看起來真的就是位出色的學者。正因為如此，比起電影〈沉默的羔羊〉，電視劇〈雙面人魔〉能夠對於漢尼拔神祕的生活有更多的著墨。

威爾・葛蘭姆（休・丹希飾）是個精神不太穩定的角色，就連觀眾看了都會感到不安，漢尼拔在與之合作的過程中，對於這個每次在進行犯罪心理側寫時，都會將自己過度代入殺人魔思維的威爾產生了強烈的興趣。在漢尼拔的惡意誘導下，威爾內心的黑暗變得越來越深，最終甚至被誣陷為殺人魔。

電影〈沉默的羔羊〉著重於刻畫代表光明與善良的克麗絲，以及代表黑暗與邪惡的萊克特博士之間的對比和合作，讓觀眾感受到樂趣。相反地，電視劇〈雙面人魔〉則強調連環殺人魔與犯罪心理側寫師這兩個對立的角色，其實在內心深處存在著相似之處。除此之外，與〈沉默的羔羊〉皆大歡喜的結局不同，〈雙面人魔〉則延續著扭曲的劇情。

心理病態者就要由心理病態者來追捕——德克斯特

藏身在光明之中的心理病態者也可成為引導劇情的有趣設定。正所謂知己知彼，百戰百勝，電視劇〈夢魘殺魔〉（Dexter）的主角就是追捕自己同類的調查機關的一員。

〈夢魘殺魔〉的主角德克斯特（麥可・C・霍爾飾），是一名從科學調查角度體現完美犯罪的角色，他本身也是一名連續殺人魔。正是因為自己殺人，所以很了解其他殺人魔，他會以自己的方法獵殺和「處理」那些逃脫法網的殺人魔，藉此緩解殺人的欲望。

他之所以會成為帶有殺人欲望的心理病態者，是因為小時候目睹生母在自己面前慘遭殺害，從而導致心靈創傷，以他的生母為線人的警察養父哈利・摩根（詹姆斯・瑞馬飾）出於內疚而收養了德克斯特。

繼父很早就察覺到德克斯特心理病態者的特質與殺人欲望，於是教導他如何挑選適合的獵物進行殺害和處理，使德克斯特能夠不被別人發現，在社會上維持正常的生活，於是德克斯特以一名老練的血跡型態分析師的身分，開啟了他的警察生涯。

德克斯特抓住殺人犯後以自己的方式處理掉屍體，再假裝若無其事地生活下去，以及劇中直覺敏銳的人懷疑德克斯特是否為殺人魔，劇情圍繞著這兩件事情展開。實際上，德克斯特就有因為遭到刑警同事的懷疑而陷入掙扎，最終將其殺害並處理掉再偽裝成事故。

反社會的特質與攻擊性是追捕和研究犯罪者的必要條件，因為在理解、追蹤和逮捕自己對立目標的過程中，理解他們遠比厭惡他們來得更有幫助。當然，也有些角色憑藉極高的智力取代了這一點，那就是英國電視劇〈新世紀福爾摩斯〉中的夏洛克・福爾摩斯（班奈狄克・康柏拜區飾）。

夏洛克自稱是「高功能反社會人格障礙」，總是表現得很無禮，但是無禮並非社會病態者的特質，只是他剛好很無禮而已。要說夏洛克是心理病態者或社會病態者的話，確實不完全準確；反而在這齣電視劇的其他主角約翰・華生（馬丁・費里曼飾）與他的配偶瑪麗・華生（亞曼達・艾賓頓飾），在性格上有更多社會病態者的特質。

華生夫婦是離不開戰場的戰爭狂，如果不能以昇華的形式緩解攻擊的欲望，就會令他們難以忍受。約翰・華生曾在阿富汗擔任軍醫，在因為負傷離開戰場後，就因為嚴重的挫折感導致瘸腿。然而，在與夏洛克搭檔解決第一個事件後，他就神奇地康復了。在英國電視劇〈新世紀福爾摩斯〉第一季的第一集裡，夏洛克斬釘截鐵地對約翰・華生表示「你的瘸腿是出於心理因素」，這一點剛好印證了這個事實。雖然不知道他為什麼會被一個能幹的傭兵，同時也是殺手的瑪麗所吸引，但是約翰會與其訂下婚約，或許可以解釋成他從瑪麗社會病態者的特質感受到了共鳴。

心理病態者與社會病態者只會做壞事嗎？

人是根據「傾向」行動的存在，不過這些傾向之所以會被表現出來，則是受到「情境」的影響，所以人其實是受到「情境」驅使的存在。即使是同一個人，在不同的情境下也會做出不同的決定，採取不同的舉動。也就是說，心理病態者與社會病態者也不會總是做出同樣的行為。

反過來說，就算不是心理病態者與社會病態者，在某些情境下，也可能採取與他們沒什麼兩樣的行為。如果被逼到極限，在一個唯有做出自私的選擇才能生存下去的狀況下，大多數人或許都會做出和心理病態者與社會病態者相同的行為。

要是單純預設一個角色的傾向，讓角色時時刻刻都按照其傾向行事，那麼這個角色的思維、說話方式和舉止都會顯得非常扁平。如果一個本來預期會以某種方式說話和行動的角色，在某種意外的情境下表現出了讓人出乎意料的舉動，對於讀者和觀眾來說就會非常有趣，劇情本身或許也會更加引人入勝。

電影〈終極警探〉（*Die Hard*）系列和電影〈捍衛任務〉（*John Wick*）系列中的反派，不小心拔掉了在歷經各種磨難後本想平靜生活的獅子的鬃毛，喚醒了沉

睡的獅子。〈終極警探〉系列的約翰・麥克連（布魯斯・威利飾）與〈捍衛任務〉系列的約翰・維克（基努・李維飾）是在動作奇幻電影中光與暗的代表人物。雖然麥克連是刑警，維克則是退隱江湖的傳奇殺手，但他們都是在陰錯陽差下失去家人，以自己的方式活下去的人。

當他們努力追求小小的幸福時，卻跑出了反社會的壞人們，打破了他們平靜的生活。麥克連是恐怖分子劫持了離婚的妻子上班的大樓，維克則是因癌離世的妻子生前送給自己的小狗被俄羅斯黑手黨的反派殺害。

為了找回屬於自己的事物，他們被迫走上復仇的道路，但這場復仇的戰役也化為一股巨大的洪流，無情地吞噬了他們，讓他們被困在想擺脫也擺脫不了的漩渦中。正如同麥克連的台詞「你以為死是件容易的事嗎？」或維克的台詞「沒錯！我回來了！」所述，他們不得不投入在無奈中開啟，卻又必須完成的任務中，一半出於自願，一半出於被迫；而且他們為了復仇所採取的行動甚至凌駕心理病態者和社會病態者的反派角色。這之中也產生了反轉的樂趣與情感的宣洩淨化。

偽裝成心理病態者和社會病態者的角色

有些角色會為了欺騙主角或反派而故意犯下惡行，甚至與反派站在同一陣線。如果好好利用的話，在製造反轉或回收伏筆時，可以為故事增添不少色彩。比如說漫畫《航海王》中的主要角色娜美，在故事初期雖然是反派，但是事實上她是需要鉅額資金來拯救故鄉的村民，所以才偽裝成反派。

在《哈利波特》（*Harry Potter*）系列中，出身史萊哲林學院的賽佛勒斯・石內卜教授雖然看起來處處找主角哈利的麻煩，但是後來才知道他一直在與校長鄧不利多合作，努力保護哈利，終生都在當一名雙面間諜。石內卜教授與其說是善良的人，不如說是由於自身的邪惡而得不到救贖的人，因此有他交織其中的故事相當豐富多彩。

對比不死之身擁有的惡與終將一死的凡人擁有的善

存在本身與心理病態者相近的不死之身，在與人類的命運交織後產生「人性」時，往往可以創造出反向衝突的故事。如果以人類為食的吸血鬼與人類成為朋友或墜入愛河，他們可能會壓抑其吸血的慾望，或者盡力不傷害所愛的人類及其周圍的人。

然而，他們本身對於吸血的慾望並沒有消失，這就是產生衝突和轉折的原因。因為許多觀眾不太熟悉心理病態者和社會病態者的特性，也沒有太大興趣去了解，所以這種描寫方式的優點在於不需要太多的說明就能夠輕鬆說服觀眾。

在日本漫畫《吸血鬼同盟》和在網飛（Netflix）上受到好評的動畫影集〈花園裡的吸血鬼〉裡，可以看到對人類產生愛意或與人類合作的吸血鬼們，與把人類當作食物的吸血鬼們產生對立。在〈花園裡的吸血鬼〉中，觀眾們提心吊膽地關注人類和吸血鬼的幸福是否能夠持續到最後，儘管故事朝著預定的悲劇發展，但是對於那些嚮往幸福的人來說，即使結局可能徒勞無功，也會永遠記住這段美麗的旅程。

爽片與破壞欲望的代理滿足

然而，我們所要創造的故事並非總是圍繞著如此宏偉、戲劇性和壓倒性的題材，近期熱門的「爽片」可以看到很多小市民擊退打破自己平靜生活的反派，成為小英雄的故事。

事實上，心理病態者和社會病態者在機率上與盛行率為整體人口百分之五左右的反社會型人格障礙有很深的關聯。他們的特徵在於先天性或後天性的社會適應障礙，以及從而導致的反社會言行與思維，實際盛行率比思覺失調症和自閉症光譜還高。

每個人都有過在身邊遇到一些「讓自己發瘋的人」的經驗，他們往往沒辦法用常識來「對付」。有的故事就是以這些人為題材簡短而精彩地描寫「普通人特別又勇敢的復仇劇」，這種類型的爽片越來越受歡迎。

在這些爽片中，反派可能是經常從事校園霸凌的不良少年們；發出樓層噪音還生氣地、做賊的喊捉賊、不可理喻的鄰居；引發性別對立的大男人主義者，或是比自己成功但狼心狗肺的同學或同事。在現實中，要對抗這些日常生活中的反派並順利取得勝利並非易事。

然而，爽片的創作者不需要考慮太多，只需要按照每個人都曾經夢想過的那樣，將痛快地擊退對手的場面描繪出來。在這個過程中，如果對方是心理病態者或社會病態者就更好了，因為唯有如此，即使做出違法或荒謬的事情也無所謂，不需要擔心被別人說「哎呀，有需要做到這種地步嗎？」可以毫無顧忌地使用「以牙還牙，以眼還眼」的策略。

事實上，社會病態者可能占總人口的二十五分之一，這句話相當於每個人都是潛在的社會病態者。我們看爽片之所以會覺得痛快，或許是因為自身內心的社會病態者滿足了預設好的虛構暴力欲望，並且在將其合理化的過程中感受到樂趣。

「以牙還牙，以眼還眼」是引用自漢摩拉比法典的法律邏輯，目的在於避免小事發展成大規模的報復或懲罰。不過時至今日大概沒有人會這麼想，更強烈的可能是「既然你對我這麼壞，那我要嚴厲和惡毒地懲罰你，讓你陷入比我感受到的還要可怕的絕望」的情緒。

將人們普遍抱持的攻擊欲望經過社會性的重組，再改編成能夠簡單快速地理解的長度，我們可以將這樣的公式概括為爽片。那麼爽片如果不著重在劇情的來龍去脈，僅僅只要說服觀眾理解其復仇的邏輯，在創作上需要一套什麼樣的說法呢？與其承認「我也是具有攻擊性的人，所以才會這麼做」，不如表示「折磨我的壞人是心理病態者和社會病態者，所以我只能挺身對抗」、「他們是沒有罪惡感的怪物，我只是教訓了他們一下而已」，藉此合理化自己的行為以獲得大家的共鳴。爽片受歡迎的祕訣，或許就在於我們將攻擊性表現合理化的渴望。

火病等身體症狀障礙症：無法好好表現出來的怒火

「火病」是記載在《DSM-4》中的韓國文化症候群，雖然在《DSM-5》裡的分類有所變化，但是仍然被視為與韓國文化有關的一種憂鬱症的型態，伴隨著煩悶、燥熱、喉嚨胸口的鬱結等身體症狀，精神醫學上將火病定義為一種「慢性心因性疾病」，是「壓抑受到衝擊後產生的憤怒或鬱悶所導致的結果」。

壓抑受到衝擊後產生的憤怒或鬱悶導致的結果

有一個案例是韓國電影〈逆倫王朝〉中的思悼世子（劉亞仁飾）。思悼世子由於帶有強迫型人格的父親英祖（宋康昊飾）對他的高度期望和皇室教育，罹患了精神疾病，除了典型的火病症狀以外，他還出現衣帶症（撕毀衣服的行為）等憤怒控制障礙導致的毀損器物、施暴、殺人等犯罪與不良行徑，最終因持刀闖入宮殿的罪行被關進米櫃身亡。

從韓國歷史上來看，除了思悼世子以外，據說惠慶宮洪氏、肅宗、明成皇后等人物也曾患有火病（當時稱其為火症）。就韓國的文化脈絡而言，這些人物會患有火病有其可信度；類似的經驗放到國外的文化背景，尤其是在個人主義的文化中，或許會以破壞性衝動控制障礙（憤怒控制障礙）的形式出現。

行為特徵

火病患者平時話不多，不太引人注目，有時會出現消化不良、燥熱、煩悶等情況，甚至連臉部都會產生發熱的症狀。根據個性的不同，有些人會默默流淚或寄託於宗教，選擇「在內心將其消化掉」；有些人則會表現為破壞性衝動控制障礙（憤怒控制障礙），產生破壞物品或攻擊別人等行為。雖然有部分是由於個性使然，不過一般來說忍受不了的人會選擇前者，認為自己不該忍受、感覺不到有忍受之必要的人則會選擇後者。

無意識的行為與欲望

憤怒的表達與對於理解及共鳴的渴望。火病患者的身體症狀反映了未能表現的憤怒，儘管我們應該在情感上透過適當地吸收與表達來降低憤怒水平，但是很多時候不一定如我們所願。如果有一個能夠傾聽與理解自身情感的人，其症狀就有機會大幅獲得改善。

為什麼會產生火病呢？

火病的成因可以理解為「對憤怒的壓制」。如果我們訪問火病患者，就會發現他們大多數都經歷了令人氣憤難平的事情，而且沒能好好將憤怒宣洩出來，可以說火病患者「堵在胸口上的火球」就是那團未能宣洩出來的怒火。

心理問題表現為身體症狀的精神疾患被稱為身體症狀（somatic）障礙症，就這一點來說，火病可以看作是身體症狀障礙症的一種。心理問題之所以會表現為身體症狀，可能是由於缺乏理解自身心理狀態的能力，或者因為文化規範、社會地位的關係，無法坦率地表達自己難受痛苦的事實，這種現象常見於過去生活在父權文化體制下的年長女性和一家之主，以及中間管理者等由於社會階層難以訴說自身情感的中年男性。

另一方面，小孩和年輕人鮮少出現火病的問題。因為他們在人生中經歷負面事件的機率較低，即使遇到了，也有很多表達憤怒和解決問題的機會。

未能將對於怒火成因的情感宣洩出來

怒火本身以及對於怒火成因的情感，都是火病患者未能宣洩出來的問題。阻礙情感認識及表達的，主要是社會文化上的因素，除此之外，對於自己經歷久久難以釋懷的認知模式，也可能是造成火病的原因。

引發憂鬱症、高血壓、心臟麻痺等

火病可能伴隨著憂鬱症（重鬱症、躁鬱症），極度的憤怒也會引發高血壓或心臟麻痺等腦、心血管系統疾病，就像韓國晨間電視劇的會長或會長夫人在盛怒之下抓住脖子倒下的場景一樣。如果憂鬱症太嚴重，可能會導致他們斷絕所有的人際關係，甚至人間蒸發或嘗試自殺。

憤怒控制障礙類型的犯罪

火病可能會演變成破壞性衝動控制障礙，也就是憤怒控制障礙類型的犯罪。實際上，如果以這樣的形式宣洩憤怒，或許已經超出了火病的範疇。比如說財閥家族等統治階層（？）的人物，就經常藉由耍大牌來宣洩自身的憤怒情感。

火病的角色設定：韓國人的種族特性

因為是韓國特有的文化症候群，所以通常都會設定一個具有韓國背景的主角。雖然火病的發生無論職業、階層和性別，但是年齡至少要在中年以上。

負面情感或壓力

火病的成因是由於無法將負面情感或壓力宣洩出來，所以關鍵在創造具說服力的情境。生活在男性主導文化中的女性、種姓制度下的底層民眾、缺乏受教育機會的低學歷階層、在家庭或企業中擔任重要角色的人都很適合當作主角。除此之外，不擅表達的迴避型人格，以及對自身經驗進行負面解讀的偏執型人格等，都可能在人格方面對火病造成影響。

脆弱狀態、衝突因素

阻礙情感表達的情境往往會加劇火病的症狀。如果壓力不斷累積，卻始終找不到宣洩的出口，就會對健康產生嚴重的負面影響，因此要想保持健康，無論如何都一定得調整好自己的心態。其中一種做法是將憤怒轉化為「悔恨」，也就是把憤怒的成因由外在轉移到內在（歸咎於自我），藉此緩解負面情感。

神病與附身：進入人體的超自然存在

「神病」是指韓國薩滿巫師在成為巫師以前罹患的疾病，是記載在《DSM-4》中的韓國文化症候群。身體顫抖、疼痛、久病纏身，或者出現幻覺或幻聽。儘管身體和心靈都產生變化，甚至難以維持正常的生活，但是去了醫院也找不到原因，唯有成為巫師才能痊癒。雖然沒有確切的統計資料，但是這種現象在女性中較為常見。

因為是韓國獨有的文化現象，所以除了連續劇〈花王仙女〉講述了命中註定要成為巫女的女主角初媛（李多海飾）與身為普通人的男主角武彬（金成珉飾）之間的愛情故事，很難找到直接涉及神病題材的作品。電影〈萬神〉記錄了萬神（韓國對巫女的尊稱）金錦花老師的生平，描寫錦花（文素利飾）身患神病成為巫女的過程；電影〈鬼鄉〉刻畫了慰安婦的痛苦際遇，有一幕描述為了將年輕慰安婦們的靈魂帶回祖國，被選中的恩敬（崔里飾）擺脫難以承受的記憶，獲得了通靈的能力，也成為了神靈的工具。

另一方面，無論時代和文化背景為何，鬼神（惡靈）籠罩在人類身上的附身現象普遍發生，因此在很多電影和連續劇都有相關的敘述。身患神病成為巫師的人（靈媒）可以任意承載神靈的降臨，而且通常不會受到傷害，但是不懷好意的惡靈進入人類身體的附身則會產生很大的問題。

驅魔、退魔、逐鬼、除靈等具有各種宗教背景的儀式往往會成為劇情的核心，此時可以將焦點放在驅魔師與附身惡靈的衝突、驅魔師之間的關係或被附身祭品的個人經歷，關鍵在於設定像其他類型作品一樣具有說服力的角色。

雖然現在已經進入了高科技時代，但是從電影〈大法師〉（*The Exorcist*）和〈天魔：惡之初〉（*The First Omen*）等西洋經典，到韓國電影〈黑祭司〉、〈哭聲〉以及連續劇〈客：The Guest〉、〈謗法〉，這些有靈媒登場和惡靈附身的作品人氣依然不減。雖然這類主題通常都是恐怖的題材，但是只要處理得當，也可以製作成愛情片或家庭片，比如說電影〈第六感生死戀〉（*Ghost*）和〈開心鬼上身〉。

韓國近來有些影視作品會以身為主角的男巫師協助犯罪調查為題材，這種多元形式的附身故事也頗受歡迎。比如說講述一九七八年巫師實際協助調查事件的電影〈絕密搜查〉，連續劇〈現在開始是Showtime！〉和〈美男堂〉等。雖然主題是犯罪，但是巫師與刑警之間的化學反應與神靈的故事也能為創作內容提供豐富的素材。

久病纏身或超自然存在的襲擊

行為特徵

雖然神靈與惡靈有所不同，但是無論神病和附身，都是「超自然存在」進入人體的現象。神病患者會表現出與以往性格舉止截然不同的行為模式，鬼神的性格會反映在被附身的人身上，因此如果想讓有一定級數的神或惡靈附身，創作者就需要對歷史、宗教和文化有系統性的研究。

不過如果焦點不是放在超自然存在本身，而是被附身的人與周遭角色（包含驅魔師）之間的心理衝突上，創作者就應該針對神病或附身背後的心理因素進行探討。

無意識的行為與欲望

在現代精神醫學中，神病和附身被歸類在解離性障礙的範疇，正如同我們在前面提到的「多重人格障礙」一樣，如果一個人遭遇難以承受的巨大衝擊或壓力，無法維持自我意識的完整，就會造成部分意識產生分離，而這種現象在過去則被解釋為超自然存在的附身所致。當然，與附身有關的現象也不是百分之百都能用解離來說明。

為什麼會產生神病呢？

這種疾病唯有成為巫師才能治癒，也就是說其病因在於神。當然，神靈的存在尚未經過科學證實，與神有關的信仰體系起源於文化。以下是文化心理學上對於神病的解釋。

神病在文化心理學上的解釋

自古以來，薩滿巫師主要都是女性。雖然有些地區也有男巫師，但是大多數都是女性，直至今日亦是如此。過去女性在社會上的發展受到限制，也缺乏受教育的機會，因此即使遇到令人委屈和鬱悶的事情，也找不到太多解決的方法。除此之外，在男性主導的社會秩序之中，女性也有很多必須遵守的規則和不可觸碰的禁忌，這種環境對於心理健康往往會造成負面影響。壓力與憤怒長期積累下來，就很容易導致身心疾病，與神病同樣記載在《DSM-4》裡的火病就是典型例子。

如果憤怒與憂鬱持續下去，身體也會有所反應，隨之而來的是免疫系統受損、心悸和血液聚積等心血管症狀。悔恨是韓國人控制這種怒火所能採取的一種防禦機制，試圖透過將憤怒和委屈的原因歸咎於自己，藉此擺脫難以承受的情感。

然而，並非所有的怒火都能夠獲得治癒。如果一個人的精神承受不了這些無法緩解的委屈和憤怒，就會發生部分意識與自我分離的「解離」（dissociation）現象。從這個觀點來看，就可以把罹患神病的人身上所承載的神解釋為「解離出來的部分意識」。

神靈是全知全能的存在。那些沒能獲得受教育的機會、無法自由表達意見的女性，如果將她們的精神以相反的形式最大化表現出來，不就儼然成了一種神靈嗎？她們原本一無所知，連言語表達都有所受限，但是一旦讓神靈附身在身上，就能夠通曉世事，不管對方是誰，都可以毫無顧忌地自由表達。

透過降神儀式，表現為神病的那個解離出來的部分意識得到整合。當然，這指的不是將意識重新整合，而是接納解離出來的意識，將其視為自己的一部分，並且願意與之共存。意識整合之後的神病患者不再是病人，而是得到了一個新的身分——「巫師」，走向與過去截然不同的人生。他們成為了神與人類之間的媒介，能夠利用自己供奉的神靈的能力去幫助其他人。

雖然在科學上尚未獲得證實，但是巫師們之所以會擁有神祕的能力，可能就是因為在整合分裂自我的過程中，發現了人類精神上未知的領域。巫師們激烈的祈禱儀式（當然只限於真正的巫師），或許就是將人類的精神高度集中，活化大腦某個未知領域的手段。

另一方面，惡鬼（靈）則會出於某種自身的目的進行附身，從心懷怨恨的惡靈或遠古惡魔等所謂有「段數」的高手，到凶宅的地縛靈或愛惡作劇的鬼魂，在創作故事中都會為了達成自身目的借用別人的身體。會成為附身對象的人除了倒霉以外，大部分都是因為在精神上有其脆弱的部分，所以容易遭到附身。

身體症狀障礙症

因為神病往往會伴隨著各種身體症狀，所以也可以視之為身體症狀障礙症。換句話說，心理問題也可能被解釋為附身，只是過去未能獲得解決的記憶表現為身體症狀，而那些無法意識到這個事實的人，只能藉由附身來說明和理解自己的症狀。雖然這種症狀在韓國文化中唯有「接納神靈」才能獲得治癒，但是有些父母不希望孩子成為巫師，或是患者本人不想當巫師，就可能會拒絕神靈的降臨。如果一直拒絕神靈的話，不只本人會感到非常痛苦，還可能轉移到家族的其他人身上，甚至導致周遭的人死亡或受傷（有此一說）。

附身治療（驅魔）的原理與心理作用

附身的鬼神有可能是一個人「解離出來的部分意識」，附身伴隨的幻覺和幻聽現象也是思覺失調症，即過去被稱為「精神分裂」的精神障礙症的典型症狀。總而言之，附身的狀態並不正常，因此應該進行治療，但是大家通常都是採取宗教性的方式來處理。

在驅魔或祭祀的過程中，祭司（巫師）會召喚附身在人身上的鬼神，再經過各種儀式將鬼神趕走。這種儀式的功能是讓患者察覺到自身意識的分裂，並且將消滅分裂意識的過程視覺化，從而讓患者確認問題的根源已經獲得清除。

人心的作用方式十分複雜且難以理解，要正確掌握和正視自己面臨的心理問題，並且找到合理的解決方式，在現代社會中並非易事。內心受到的巨大創傷，或是未能解決的情感碎片，往往會對人們的身體（身體症狀）和心靈造成持續性的影響。

如果不願回想的記憶、沉睡於腦海的記憶或情感不知不覺間在意識裡冒出來，我們的身體可能會沒來由地發癢，或者覺得好像有什麼東西壓在胸口上。這些記憶和情感可能來自於我們回想不起來的童年歲月，也可能是在記憶中有意識或無意識地受到壓制的部分。在這個時候，就會產生一種「我好像不是我」的感覺，或者內心的某個存在會因為悲傷而哭泣，甚至陷入怒火中燒卻不知所措的狀態，而鬼魂或幽靈等超自然存在就為這樣的狀態提供了一種解釋。

「折磨你內心的就是爸爸抓到並且殺掉的那條蛇」、「小孩久病不癒是因為惡靈附體」、「你平白無故肩膀痛是因為有個含冤而死的人坐在上面」、「事情進展不順利是因為你沒有顧好祖先的墳墓」——因為這些說法大大消除了不確定性，往往能夠讓人當下得到解脫。與無從得知事態，只能飽受不安與痛苦折磨的時候相比，至少情勢變得明朗多了。

驅魔師、巫師、祭司，現今任何驅逐鬼神的人都開始將鬼神形象化，並且舉行驅逐的儀式。祭司的話語對患者（即被附身的人）來說是一種暗示，從鬼神的現身到離開人體的事實，都會在祭司的話語、儀式的程序和氛圍中逐漸具現化。

在儀式結束後，祭司會將離開患者身體的鬼神封印在某種物品（碗盤或容器）裡，並且將其掩埋、焚燒或銷毀，此時患者們便會相信自己的問題已經從身上消失了。將內心的問題從實體化到消失的整個過程視覺化展示給患者看，這就是驅魔儀式具備的功能。親眼見證問題消失的瞬間，心裡說有多痛快就有多痛快，而人類的疾病通常都源自於內心，只要能讓心情保持愉悅，大部分的疾病都會獲得改善。

被附身的角色設定：精神上有其脆弱性的角色

會成為附身對象的角色通常在精神上都有其脆弱性，這可能源自於不平靜的童年經歷或人生中某個重大事件（創傷）的影響。與父母教養態度有關的部分，可以參考「多重人格障礙」（參見第一八〇頁）。

脆弱狀態、衝突因素

- 非常平凡或能讓觀眾有代入感的角色沒來由地遭到附身。

- 陷入附身狀態的人逐漸脫離自己原本的樣貌，以及從旁觀察著變化的人們。
- 挖掘出世間矛盾的惡靈所帶來的不適感和緊張感。
- 驅魔師和惡靈、驅魔師與周邊人物（被附身者的家人）之間的衝突。
- 驅魔行為與社會規範、倫理道德之間的衝突。
- 驅魔師的性格或個人經歷所引起的衝突。

犯罪

巫師和驅魔師等通靈者如果心懷不軌，可能會讓超自然存在附身到某人身上，或者促使不好的事情發生。在電影〈哭聲〉中「招煞」的行為或連續劇〈謗法〉裡提到的方法（利用物品等條件的詛咒）就是其中的案例。雖然在韓國文化中，施放詛咒傷害他人的巫師就不是正派的巫師，但是正如同《朝鮮王朝實錄》（記錄朝鮮王朝歷史的一套編年體史書）裡也出現張禧嬪和仁顯王后等人使用的各種詛咒方式一樣，無論過去還是現在，對於黑暗面的需求始終存在。

有些巫師會將普通的身體症狀誤導為神病，藉此收取鉅款進行儀式。願神靈的神罰降於其身。

其他注意事項

首先我們必須決定，要將附身視為超自然存在的介入，抑或是單純視為精神問題。如果是惡靈等超自然存在的附身，就需要充分保證惡靈存在的理由，以及進入被附身者體內的合理性；如果是精神問題（雖然好像還沒有看過這個觀點的創作作品），就需要對於心理動力學理論和精神醫學有深入的了解。

無論是哪一種，要處理附身和驅魔這樣的題材，如果沒有在巫俗學、民俗學等領域做好功課，很容易背離韓國的文化脈絡，只會得到「好像在哪裡看過」的廉價恐怖作品。我們不能抱持著「只要有鬼神和巫師出現的話應該就會很恐怖吧！」的心態來創作，而是要對「恐怖的文化」像符號與神、惡靈、靈媒、驅魔等文化脈絡具備一定的理解。

第 7 章

為角色注入生命

影響個體人格的各種因素

人格是表現在個體身上固有的行為、思考模式和表達情緒的方式。人格究竟是天生的，還是受到環境的影響所致，這點長期以來都存在爭議，不過近來我們通常將天生的部分稱為「氣質」（temperament）。雖然氣質在人格中扮演著重要的角色，但是環境大大影響了我們的外在行為。舉例來說，有些人天生性格內向，可是為了適應群體生活，會在人際關係中採取積極的態度，結果外向的行為模式就成了他們固有人格的一部分。

接下來，讓我們簡單整理一下影響個體人格的各種因素。

氣質

與生俱來的傾向或喜好，比如說內向型vs.外向型就是典型表現在行為上的氣質。除此之外，對於刺激的敏感性（追求刺激vs.迴避刺激）或行為的調節焦點（促進vs.預防）、精神官能症、完美主義、衝動性等也是氣質的影響所致。氣質主要取決於遺傳等生物學上的因素，家族史扮演著很重要的角色。

氣質是描繪角色人格最簡單的方法，因為只需要「他天生就是這樣」的敘述就足夠了。但是氣質必然會與環境相互影響，如果過分依賴氣質來說明角色的行為，很容易導致故事顯得無趣。

性別

男性與女性在基因上有所差異，生物學上的性別特徵會表現在身體的結構與功能、荷爾蒙的分泌和作用等方面。在生殖相關的性荷爾蒙作用下，男性會展現出攻擊性和衝動的特質，女性則會展現出溫柔圓融的特質。

除此之外，由於人類在歷史上對於男女角色的劃分，因此會衍生出演化上的差異。男性從事狩獵和戰爭，在群體間爾虞我詐；女性則更習慣團隊合作、分配和社交，於是兩者的大腦各自發展出了不同的特性。

最後，因為每個社會對於性別角色的追求有所差異，所以會產生社會上（文化上）的差異。有些社會可能更強調生物學和演化上的特質，有些社會可能出於各種原因，造成男女性別角色之間的差異較小。性別可以當成一個重要的題材，與各個文化中氣質表現的差異、對於性別角色的期待，以及成就和挫折的經驗等因素有關。

出生順序

這是由心理動力學理論專家阿德勒提出的觀點。父母和社會的期待、孩子滿足需求的方法取決於出生順序，而且這點會反映在人格上。比方說老大通常信奉威權主義且保守，老么則比較自由奔放，渴望得到更多的愛；排行中間的孩子可能在競爭中相形失色，或者為了爭取父母的認可產生「好孩子症候群」。阿德勒在家裡七個孩子中排行第二，他也坦言曾經經歷「中間孩子症候群」（middle child syndrome），感覺自己夾在兄弟姊妹之間。

出生順序可以為角色行為帶來很大的說服力，同時也會與時代、文化、性別等因素相互影響。例如，過去韓國家庭通常有五至六個兄弟姊妹，且男女的社會角色有很大的差異。在這樣的時代背景下，第一個孩子是男生還是女生，必然是左右個人命運的條件。

父母的性格

父母的性格會影響教養方式，而教養方式是心理學上預測孩子人格最重要的因素。如果父母很嚴厲，孩子有可能形成強迫型人格或迴避型人格；如果父母採取放任態度，沒有給予情感上的支持，孩子可能會產生類思覺失調型人格；如果父母過於強勢，孩子可能會發展出反社會型人格。想要了解更多細節的話，可參考第一至三章的「人格光譜」。

家庭環境

家庭環境與需求的滿足息息相關。經濟上較為寬裕的家庭對於孩子的需求較為敏感，需求得到適當滿足的孩子通常會發展出適應性的人格。反過來說，挫折的經驗可能引發憂鬱症或焦慮等精神問題，需求的潛抑和壓制也可能造成孩子產生意想不到的行為。除此之外，居住的生活環境與來往的對象種類往往會因為社會經濟水準而有所不同；換句話說，每個人能夠獲得的體驗與相互作用的水準也可能產生差異，這點與父母性格和教養方式也有一定的關係。

文化

文化是人們為了適應環境所創造出來的價值體系，同時人們也受到這套價值體系的影響。換句話說，人們創造了文化，而文化又塑造著人們。在某個特定文化中出生和成長的人，會自動內化該文化對於成員要求的價值觀。這些價值觀雖然程度各異，但卻界定了人們的行為範疇。

近來尤其以孩子們觀看的動畫來說，有時候會感覺到角色的台詞和情感表達非常「日式」。這或許是因為這種類型的創作內容本來就源自於日本，而且參與製作的工作人員受到日本作品影響很深的緣故。不同文化的行為模式難免令人感到陌生，如果這種陌生感過於強烈，自然很難讓觀眾沉浸在故事中。

時代、社會面貌

在特定時代下被視為禁忌或鼓勵的價值觀，往往會決定個體的行為。尤其是像革命或戰爭等事件，可能會對每個人的人生帶來不可逆轉的變化。除此之外，與重要之人的分離或失去、追求某個目標時遭受挫折之類的經驗，都會對個體的人格產生重大影響。在選擇歷史劇或其他時代作為題材時，一定要考慮到這些因素。

一個角色的人格（包含思考方式或情緒表達等）應該合乎其時代和當時的社會面貌。如果為了強調主角的能力設定而與時代過於脫節，很容易讓觀眾感到出戲。例如韓國電影〈王的文字〉中出現了僧人睜眉怒目，頂撞國王「你要有君王的樣子！」的場景，儘管世宗對佛教相當寬容，但是朝鮮作為一個儒教國家，僧人絕對不可以對國王做出這樣的舉動。

總結來說，在以上因素的相互作用之下會塑造出個體的人格。而創作者的工作，就是決定這些因素的比重，以及特定因素造成影響的時期或事件。如果只是教科書式地添加可能影響人格的因素，或是創作者過度依賴某個特定因素的影響力，可能會如同畫蛇添足般，導致故事缺乏說服力。

豐富故事設定的一般精神疾患

作品中登場人物身上出現的精神疾患，有時可以成為增強故事戲劇性的重要因素。嚴重的角色混亂可能產生思覺失調症，追求某個目標遭遇挫折或失去重要的事物可能導致憂鬱症。除此之外，作品中人物所經歷的心理障礙，可能會與環境或周遭的人相互作用，衍生出另一條故事線。如果創作者對於這些精神疾患有基本的了解，可以大大豐富作品的內容、衝突結構和情感曲線。

思覺失調症

思覺失調症在過去曾經被稱為精神分裂症，可以說是精神疾患最廣為人知的一種。代表「瘋狂」的典型症狀——幻覺、妄想、怪異的言行等，都是思覺失調症的特徵。思覺失調症是引起思考、知覺、情緒、行為和社交活動等各種精神功能異常的主要精神疾患，其病程發展和預後往往十分複雜且嚴重。

根據其症狀和表現，思覺失調症可以細分出幾種具體的障礙，包含先前在人格光譜中討論過的類思覺失調型、思覺失調型人格障礙；以妄想為主要症狀的妄想症；以及只會出現比較短期症狀的短期精神病疾患等皆屬於此類。

思覺失調症的病程發展分為前驅期、症狀活躍期和殘留期。主要出現症狀的症狀活躍期相對短暫，精神萎靡、難以維持正常生活與角色功能的前驅期、殘留期的持續時間反而較長。

- 前驅期：個體角色表現明顯下降，社交功能也有所退化，變得優柔寡斷、意志消沉。
- 症狀活躍期：出現幻覺、妄想、支離破碎的語言和行為。
- 殘留期：症狀與前驅期類似，雖然有所改善，但是仍然難以適應正常生活。

思覺失調症的成因複雜多樣，但是主要可以歸結於生物學上的因素，比如大腦功能異常、多巴胺分泌過多等。換句話說，即使兩個人的經歷相同，在生物學上天生比較脆弱的那一方，罹患思覺失調症的機率也會比較高。除了生物學上的脆弱性，角色功能的混亂等環境因素也是發病的重要成因。

當然在創作中，比起生物學上的因素，主角經歷的角色混亂和壓力應該更有說服力。比如說電影〈美麗境界〉（*A Beautiful Mind*）中約翰・納許（羅素・克洛飾）身為天才的自傲和對於成就的追求、電影〈隔離島〉（*Shutter Island*）中的泰迪（李奧納多・狄卡皮歐飾）在孩子身亡的衝擊下殺死妻子的罪惡感、電影〈黑天鵝〉（*Black Swan*）中妮娜（娜塔莉・波曼飾）因為母親的執念與獲得認可的渴望，就被描繪成了思覺失調症的成因。

當觀眾對於哪些部分是現實，哪些部分是主角的幻覺（或妄想）摸不著頭緒時，便會對主角的心理衝突產生共鳴，並且沉浸在故事中。

嚴重憂鬱疾患（重鬱症、憂鬱症）

憂鬱症是盛行率最高的一種精神疾患，特點是情緒變化大，經常感到憂鬱、悲傷、絕望，認知功能受損，迴避人際關係，很難維持正常的社交生活。伴隨著睡眠和飲食習慣的改變，對世界失去興趣和渴望。憂鬱症出現在女性身上的比例比男性更高，常常與各種其他的精神疾患共同出現，而且很容易復發，需要長期持續的管理。

導致憂鬱症的原因很多，或許是摯愛離開人世、追求某個目標時遭遇挫折，也可能是失去重要的事物。以生物學來說，多巴胺、血清素等神經傳導物質的異常、腎上腺皮質或甲狀腺功能的異常、家族病史等遺傳因素都會產生作用。女性由於懷孕、分娩、月經等引起的荷爾蒙變化，以及玻璃天花板、職涯中斷等社會性的挫折，所以更容易出現憂鬱症。

以時間軸來看，憂鬱症容易出現在學業或就業上容易遭遇挫折的二十幾歲、產後荷爾蒙變化較大的階段、更年期、孩子長大離開獨立（空巢症候群）時、退休後等時期。無論出於什麼原因，如果失去人生的意義，就很容易因為絕望和自卑產生憂鬱的傾向。除此之外，如果長期具有思覺失調症或焦慮症等其他精神疾患的問題，也可能導致憂鬱症；反過來說，如果憂鬱症長期持續下去，有時也有會出現幻覺或妄想等思覺失調症的症狀。

在創作中，憂鬱症往往是主角遭遇挫折和無助的結果，表示其意志消沉、黯淡鬱悶的狀態。許多電影也經常以憂鬱症為題材，比如說〈時時刻刻〉（*The Hours*）描寫在反覆的日常中失去人生意義的女性們，日本電影〈阿娜答有點blue〉則直接描寫憂鬱症的症狀以及其治療的過程。

雙極性情感疾患（躁鬱症）

當躁症和憂鬱症交替出現時，就會被稱為雙極性情感疾患，雙極性情感疾患意味著情緒在兩個極端來回搖擺。躁症會持續一個星期以上，症狀為情緒異常高漲，全身充滿自信和活力。在這段時間裡，就算不睡覺也不會感到疲憊，腦海中還會不斷浮現出新的想法和點子，有時甚至會產生妄想或幻覺。

憂鬱症有時候會轉變為雙極性情感疾患，這通常與離婚、分居、職業適應不良、社會性孤立和藥物成癮等因素有關。與持續情緒低落的憂鬱症不同，雙極性情感疾患有所謂的躁期，所以身邊的人很容易認為該患者「好了」，但是從躁期過渡到鬱期的時候往往非常危險，因為此時做出極端選擇的機率更高。與憂鬱症不同的是，雙極性情感疾患的發生率在男女之間幾乎沒有差異。

有許多著名藝術家或作家都患有雙極性情感疾患，其中最具代表性的人物是文森・梵谷（Vincent van Gogh）、羅伯特・舒曼（Robert Schumann）和維吉尼亞・吳爾芙（Virginia Woolf）。與雙極性情感疾患有關的電影則包含〈普立茲記者〉（*Mr. Jones*）和〈永遠的北極熊〉（*Infinitely Polar Bear*）等。雙極性情感疾患的特點是劇烈的情緒波動，無論是主角戲劇性的情緒變化與其衍生出來的衝突、還是主角在躁症和憂鬱症狀態之間的內心掙扎，都得以在創作中被生動地描寫出來。

焦慮症

焦慮症是一種以焦慮的情感為主要症狀的精神疾患。焦慮指的是在可能出現負面結果的危險情況下產生的不舒服和痛苦情感，同時伴隨著交感神經系統的亢奮與身體反應。引發焦慮的情境和對象各式各樣，可以分類成好幾個範疇。

①廣泛性焦慮症

- 特點是對於整體情況和對象有長期且不可控制的擔憂。
- 焦慮感持續六個月以上，伴隨著各種身體症狀（腸躁症等）。
- 女性患者約占百分之六十，好發於十幾歲到二十歲出頭的年齡層，盛行率約為百分之五。

②特定對象畏懼症

- 對於實際上沒有危險的對象或情境感到恐懼並迴避，在焦慮症中最為常見。

● 焦慮與恐懼持續六個月以上。
● 盛行率約為百分之十，女性患者約為男性的兩倍，好發於十幾歲的階段。
● 情境型：密閉空間、高處、隧道、橋梁、電梯、地下鐵等。
● 自然環境型：閃電、懸崖、水等。
● 血液—打針—受傷型：血液、針頭、傷口、醫學治療等。
● 動物型：蛇、蜘蛛、老鼠、蟑螂、蜈蚣等。

根據性格和個人經驗，還有各種不同的恐懼症，可以用來展示角色的特質，或是引發觀眾的恐懼。比如電影〈牠〉（*It*）就以西方文化圈普遍存在的小丑恐懼症為素材，韓國電影〈失控隧道〉則讓觀眾感受到了對於狹窄、密閉空間的幽閉恐懼。

③恐慌症

● 發作時伴隨著暈眩、呼吸困難、心跳加速、極度恐懼等症狀。
● 需要上台時就會感到恐懼，經常在報告或接受講評等受到關注的社交狀態下發作。
● 盛行率約為百分之一・五至三・五，女性患者為男性的二至三倍，好發於青年期及二十至三十幾歲的年齡層。

● 慢性化可能導致憂鬱症（百分之四十至八十），有藥物成癮和自殺的可能性。

恐慌症在藝人身上很常見，因為職業的緣故，他們的演出和表演會受到大眾的注目和檢視。這點在電影〈老大靠邊閃〉（*Analyze This*）就有所著墨，此外〈鋼鐵人〉裡的東尼・史塔克也患有恐慌症。

④分離焦慮疾患

● 離開家或依戀對象的焦慮症狀嚴重到影響日常生活。

● 盛行率在兒童和青少年身上約為百分之四，七至八歲最為常見。

● 在從小讓孩子單獨睡覺的西方國家經常出現，這也是他們執著於娃娃和被子等物品的原因。

韓國電影〈陰櫥〉就是以獨自睡覺的孩子的壁櫥恐懼（分離焦慮疾患）為題材，對於某些人來說，這在文化上可能有些陌生。西方孩子的衣櫃恐懼則在動畫電影〈怪獸電力公司〉（*Monsters, Inc.*）有很好的呈現。

強迫症

強迫症是一種腦海中會浮現出不可控制的想法、衝動或形象，並且產生重複性行為或強迫性行為的精神疾患（與衛生、整理、性行為有關的症狀較多）。強迫性行為的原因是為了緩解焦慮，所以也會被包括在焦慮症裡，但是由於其症狀多樣，在《DSM-5》中將其單獨分類。

- 盛行率約為百分之二・五，好發於十幾歲的階段，女性的發病時間通常比較晚。
- 容易伴隨憂鬱症、其他焦慮症、飲食障礙症等。
- 大腦過度活動是其成因，為了緩解焦慮導致強迫性行為加劇。

強迫性行為會根據每個人的特性和焦慮類型而異：有的人會堅信自己身體的某部分長得很奇怪而不斷試圖矯正（整形成癮、身體臆形症）；有的人會儲存廢棄物或垃圾；有的人會一直拔頭髮（拔毛症）或抓皮膚（摳皮症）。

在創作中，我們必須合理地呈現驅使主角做出強迫性行為的焦慮感受，或者將其用來表示主角的性格。以強迫性行為為題材的電影有〈愛在心裡口難開〉、韓國電影〈Plan

Man〉、西班牙電影〈醫生怎麼還不來?〉(*Toc Toc*)等。

創傷後壓力症候群

創傷後壓力症候群(PTSD)是一種在經歷創傷後過於亢奮,迴避與創傷經歷有關的刺激,並且會在浮現出相關回憶時感到焦慮的精神疾患。創傷指的是會產生長期影響的巨大心理衝擊,例如戰爭、颱風、地震、海嘯等自然災害、事故以及個人經歷(死亡、詐欺、分離、入伍、犯罪受害等)。

創傷後壓力症候群的症狀包含創傷事件持續性的經驗重現(記憶、夢境、瑣碎線索的觸發),此時在該事件中產生的恐懼和衝擊就會原封不動地再次浮現,因此患者會盡可能迴避與創傷經歷有關的刺激,並且對於類似事件可能再次發生感到焦慮。

在創作中,創傷後壓力症候群通常被用來表示主角面臨悲劇的嚴重性,抑或是無法從該事件擺脫的狀態。與創傷後壓力症候群有關的韓國電影包含以三豐百貨公司倒塌事件為題材的〈走向秋天〉、以光州民主化運動為題材的〈花瓣〉;以越南戰爭為題材的美國電影〈越戰獵鹿人〉(*The Deer Hunter*),以及雖然並非真實事件,但是刺激了韓國男性在軍隊服役中的創傷的〈兄弟以上,斷背未滿〉等。

文化塑造性格，性格塑造文化

文化是一種世界觀，人們的行為源自對於所處世界的認知，這可以視為賦予角色性格和行為合理性的起點。文化包含人們為了適應環境所創造出來的一切，涵蓋從食衣住行到主要產業、工具、武器等有形文化，以及制度、法律、倫理、價值觀等無形文化。人們的性格由此形成，而人們的性格又會反過來對文化產生影響。

雖然我們不需要將文化的形成、變化，以及文化如何影響人們的內心和行為一一融入到作品當中。但是身為創作者必須去理解一件事，那就是人物的內心和行為往往都會受到文化的規範。

文化的形成

文化是在環境與人的相互作用之下形成。首先要考慮的是環境，因為只要環境確定下來，人類為了適應環境所做的努力就會建立起文化。形成文化的基本環境有氣候、地理條件和地形。

舉例來說，在溫帶氣候且降雨量適中的平原地帶容易出現農耕文化，屬於溫帶的平原地帶但降雨量偏少的區域則容易出現遊牧文化。海峽、半島、島嶼等地方會出現乘船吃海鮮的海洋文化，地處貿易路線或城市中心會孕育商業文化，在長期缺乏適當生存方式的地區甚至會發展出掠奪文化。

在農耕地區，服裝通常是從植物或昆蟲中獲得的材料製成，例如麻布或絲綢等；在遊牧文化中，衣物則多是用毛皮或以毛皮交易而來的布料製成。有豐富木材資源的地區會搭建木屋，泥土較多的地區會建造磚房、有很多石頭的地區則會出現石頭屋。

正如同遊戲〈星海爭霸〉（*StarCraft*）或電影〈阿凡達〉（*Avatar*）一樣，在設計外星種族時，必須考慮到恆星系統、重力、大氣成分、生命維持和繁殖方式。如果想做出合理的設定，就需要學習天文學、物理學、地質學、生態學和生物學的相關知識。

文化的發展

基本型態的文化會在為了適應環境的驅使下誕生，如果再結合人類的欲望，就會開始出現法律、制度、倫理等。在平原地區，因為沒有山脈河流阻礙，可以自由移動，所以與其他族群相遇的機率較高，發生戰爭的可能性也比較大，這點也是遊牧民族通常較為好戰的原因。海洋文化的人必須把生活寄託在波濤洶湧的大海，他們的個性通常十分豪爽。在與其他族群比較少接觸，鮮少發生戰爭的地區，人們也會相對溫和，不過如果一個族群過度孤立，有時候也會創造出封閉的地獄。

男女的性別角色也與基本的生存有關。現今世界上性別最平等的地區北歐，是過去為了生計出海遠征的維京人後裔。維京人婦女可能陪同男性出海航行，也可能在男性們離開後負責維持空下來的村莊的生計和安全。如果其他一方的性別承擔了越多為了生存所需的工作，不平等的性別認知扎根的可能性就越大。

在婚姻制度方面，如果因為戰爭及勞動力需求而需要大量人口，就可能出現一夫多妻制；如果必須維持適當的人口規模，則可能產生一妻多夫制，所以一妻多夫制主要出現在糧食供給困難的高山地區。在頻繁的戰爭而經常更換配偶（？）的情況下，就可能發展出一個人搭配多個配偶，或者姓氏不太重要的價值觀。如果婚姻對於家族非常重要，當配偶離世後，活著的那一方也會守節，這樣的文化代表社會的穩定性。

文化與性格

法律制度與價值觀構成了無形文化，塑造著人們的性格。父母會教育孩子們在社會上必須遵守的規範和價值觀，而受過類似教育的人們，其行為模式就會維持在一定的範圍內。以下就讓我們以過去的朝鮮為例進行探討。

朝鮮因為受到建國時的國際情勢（元末明初）影響，國策上比起不穩定的商業，更看重穩定的農業。為了鼓勵人們安分地從事農耕，不要四處遊蕩，所以非常崇尚孝道。因為必須對在世的父母與離世的祖先盡孝道，所以人們也就不能離開父母住的家、祖墳（與田地）所在的地區太遠。村莊口立的孝子碑與晚上大人們講述的孝子故事，更加強化了這種價值觀，於是人們自然會在孝道的價值觀內規範自己的行為，每個人也被分成極為孝順、普通孝順、不孝、極度不孝等類別。

每個文化像孝道這樣的核心價值觀都不盡相同，這是因為在生存上最需要的價值有所不同。孝道是能讓朝鮮的主要產業——農業獲得發展的價值，也是社會秩序、禮節和福利制度的總和。人們的主要人格類型源自於這些核心價值，而具體的性格則會受到勤奮、誠實、禮貌等輔助價值的影響。

在文化上的性格中，存在著正向、反向兩種類型。簡而言之，反向就是拒絕文化主流價值觀，並進行抵抗的叛逆角色所展現出來的性格。例如，朝鮮時代以順從的女性形象為主流，此時若設定一個積極進取、渴望成就的女性，她就是反向的性格類型。雖然這種性格類型在歷史上真實存在，比如大長今（朝鮮王朝宮廷的第一位女御醫）和許蘭雪軒（朝鮮王朝中期著名的女性詩人）等，但她們的人生依然受當時的社會規範限制。如果反向性格類型的角色憑藉其出色的能力萬事一帆風順，就會衍生出顛覆設定的風險。

文化與深層心理

以性格的形式蘊藏在人們體內的文化，造就了每個文化獨特的現象。傳統遊戲、傳說、民間故事和怪談、藝術、審美觀、諺語和格言等，都乘載著該文化人們的欲望、行為模式和防禦機制等。

舉例來說，在韓國，鬼魂的出現主要是為了喊冤。他們通常出現在地方郡守等六級以上的行政官員身邊，因為在韓國鬼魂們的故事就代表著人民的請願。鬼魂的故事生動地反映了韓國人自古以來重視什麼，以及他們運用了何種方法來解決。

日本在「節分」，也就是立春的前一天時有著高喊「鬼は外、福は內！」（鬼出去，福進來！）的習俗，反映了日本人對於「外」與「內」的思維；韓國人凡事都嚷嚷著要三戰兩勝，表現出了不肯輕易認輸的心理。除此之外，像「火病」這類文化性精神疾患，也顯示了該文化中人們的需求與行為模式。

宗教就是典型的深層心理。對於超自然存在的信仰、生命的循環，以及死後世界的思維也源自於與生存相關的價值觀。神的性格和眾神之間的關係，反映了該文化中人們對於權威人士（統治者）與權威人士之間的想法。當環境越惡劣，生活越艱難，絕對權威的地位通常會越高。當社會越傾向父權制，神與人的關係就越疏遠。在外來移民族群統治原住民的地區，往往會出現階級複雜的多神教信仰。

人們對於死後世界的信仰似乎與社會的補償制度有關，其形式為倘若在現世感到絕望，便許諾會在來世獲得幸福（瓦爾哈拉——）。

文化的變化與心理

文化會發生變遷，當生存條件發生改變時尤為明顯。環境與產業的變化改變了居住型態、家庭制度、價值觀和人們的行為模式。一九七〇年代快速的工業化讓韓國從農業社會轉變成工業社會，傳統的韓屋變成了公寓，大家庭變成了小家庭（核心家庭），集體主義轉變為個人主義。如今，小家庭又進一步衍生出單身家庭，套房等居住型態與外送文化等全新的生活形式接連出現。

然而，文化不是只有變化的那一面，有的文化也會被保留下來。如果說食衣住行和家庭（婚姻）制度等外在方面的變化較為快速，變化緩慢或相對穩定的則是文化的深層方面。舉例來說，韓國的合唱、群舞等娛樂文化和飲酒文化等，是從《三國志・魏志・東夷傳》就出現的一種歷史悠久的行為模式。

與深層心理相關的文化不容易改變，這點關乎到文化帶給人們的安全感，因為儘管我們可以適應環境的變遷，但是無法忽視不變的事物所帶來的安全感。經歷急遽變化的人可能變得焦慮、煩躁，而且容易陷入憂鬱。深層心理往往與最舒服、最快樂、最神聖、最害怕的事物息息相關。

異鄉人的心理

離開原生文化移居到另一個文化的人們，往往會經歷心理上的變化。根據對於原生文化的態度（保留／拒絕）與對於另一個文化的態度（接納／拒絕），這些變化可以大致上分成四種類型。這四種類型分別是邊緣化（拒絕原生文化、拒絕另一個文化）、分離（保留原生文化、拒絕另一個文化）、同化（拒絕原生文化、接納另一個文化）、整合（保留原生文化、接納另一個文化）。

「邊緣化」既沒有對原生文化的認同感，也沒有接納移居文化的想法。雖然因為討厭自己的國家而離開，但是對於新國家也沒有感情，這些人不屬於任何地方，只能漫無目的地過著飄泊的生活。

「分離」雖然保留了對於原生文化的認同感，但是並不想融入移居國家的主流社會。他們通常會聚在一起生活，形成〇〇城之類的自治社區。

「同化」是一種對於原生文化沒有認同感，單純接納另一個文化的型態。可能是試圖隱藏自己的身分，讓自己成為另一個國家的人，抑或是被征服者的同化政策所吸收的亡國百姓都屬於這個類型。

「整合」是在保留原生文化的同時接納其他文化的型態，這是最理想的自我認同策略，對於需要適應其他國家的移民來說，這並不是一件容易的事情。

以真實存在的文化為題材：東方主義與西方主義

創造不同文化的角色並非易事，畢竟創作者自身已經是一種文化的產物，因此很難完全理解另一種文化的思考方式、價值觀和行為模式。萬一沒有處理好，常常就會導致雖然設定和名字是外國人，結果創作者還是用自己熟悉的文化來講述故事。從本質上來說，這與「異世界作品」沒什麼區別。如果想讓外國人出現在作品中，就必須對該國的文化進行基本的調查，但是首先要考慮到外國相關的資料本身可能已經被扭曲。

在處理真實存在的國家文化時，最需要注意的東方主義思維。東方主義指的是被西方扭曲的對於東方（非西方）的偏見，認為東方普遍骯髒、未開化，但是擁有神祕的精神世界和武術。這樣的思維在帝國主義時期根植人心，甚至影響著東方人對於自我的認知。

除此之外，東方也對西方有扭曲的認知，被稱為西方主義。這種思維認為西方雖然科學技術發達，社會文明先進，但是缺乏人文精神，過度崇尚物質主義。雖然東方與西方並非完全沒有這樣的一面，但是如此思維有兩個問題點，第一是太過二分法，第二是暗示了西方之於東方的優越性。

事實上，對於文化的理解不可能在這麼短的時間裡達到專精。這裡只想強調一點，那就是角色的行為會受到角色生活的文化所規範。如果想要更詳細了解文化與人類行為之間的關係，建議可以參考筆者（這篇文章的「筆者」是韓民）的著作《超人為什麼去了美國？》和《越線的韓國人，畫線的日本人》。

犯罪側寫師於現場所見的犯罪，以及嫌犯與受害者

當大家得知筆者（這篇文章的「筆者」是俞智賢）的職業是犯罪側寫師時，通常都會發出一陣讚嘆，隨後詢問道：「妳印象最深刻的案件是什麼（妳知道那起案件嗎）？」、「會做○○的人真的都是××嗎？」詢問前者的人只是對筆者職業生涯裡煽情的部分感興趣，詢問後者的人則是對於人性的黑暗面感到好奇。即使把自己的工作、經歷和感受和盤托出，除非是當事人，否則根本沒有人能夠感同身受。僅憑這兩個問題，就能充分了解到普羅大眾是如何看待犯罪，以及與犯罪相關的人，講得難聽一點就是偏見。

每當被問到這些問題時，我就會產生一種愉悅的不適感，但是好幾年下來我累積了同一種問題的資料庫，發現總人口中總是有一定的比例，會超越單純的好奇心，對人性的黑暗面感興趣。

有不少人都熱衷於收聽犯罪心理學的播客（Podcast），觀看真實案件的紀錄片和探

討社會問題的節目。筆者也是這樣的人，因為出於對這個領域的興趣，所以選擇主修心理學，現在的工作也跟犯罪者有關。除了我以外還有很多這樣的人，知道自己不是異類，這點讓我感到安心。然而也不得不考慮到，有些人只是想「消費」犯罪與相關人員的心理和行為，而不是「用專業上合理的方法讓好奇心得到昇華」。可以說包含筆者在內，擁有這種傾向的人會在面對自身的攻擊性與控制欲，以及被黑暗面吸引的天性時，會用社會允許、自己也不會產生罪惡感的方法將其昇華。或許就是這種天性，影響了他們總是消費特定的題材，喜愛特定屬性的角色。

因為工作的特殊性，我透過文件分析了很多案件，實際接觸和在文件上經手的人數超過了兩千人。每個人都有自己的故事和理由，不過根據案件的性質，可以找到一些鬆散的共同點。雖然這只是基於筆者個人有限的經驗得出的想法，但是我想在這裡整理一下，或許會對各位讀者有所幫助。

殺人

殺人嫌犯（在警方偵查階段涉嫌犯罪、正在調查中的人）大部分為偶發型犯罪，他們不一定長期懷有殺意，但通常都是在燃起怒火、情緒湧上的瞬間「不經意」犯下罪行。

犯罪凶器通常是尖銳物品（刀子）。國內外的犯罪側寫師指出，使用鈍器殺人往往比使用尖銳物品的情況更具針對性，同時也更加暴力。

暴力致死和傷害致死雖然沒有殺人意圖，但是就結果而言，都是由於暴力行為導致對方死亡或重傷不治，這種情況的偶發性更為強烈；通常是嫌犯或受害者在喝醉的狀態下發生爭執所致。嫌犯為了減少刑責，一般來說都會表現出反省的態度，或是辯稱自己是喝醉失手，才會不小心犯錯，甚至還會冷靜地煩惱日後的生活或為出獄後的未來做打算。

受害者的死亡不可逆，所以嫌犯往往會乖乖坦承犯行，但是對於殺人的動機，他們時常歸咎於受害者。我面談過大部分的殺人犯，都比較想知道他們需要在監獄裡服刑幾年，關注的焦點已經轉移到了警方調查之後。

嫌犯與受害者大多是男性。如果受害者是女性，與加害者通常為親密關係，例如，配偶、伴侶、親戚或朋友，彼此之間心理距離密切，而受害者成為某種欲望的犧牲品。尤其是最近日益嚴重、各種對女性的性剝削導致受害者身亡的事件，就屬於這種情況。

殺人案件有一個重要的特點是，由於受害者已經過世，無法提供證詞，只能從嫌犯的視角看待整起事件，因此案件調查也是根據嫌犯觀點的不完整敘述來進行。創作者可以在敘述案件或陳述的觀點上利用這一點，可能是情節在倖存者的視角下受到扭曲，加害者實際上是被害者；或者雖然聲稱是偶發型犯罪，結果其實是經過長時間精心計畫的謀殺，甚至還有隱藏的幫凶等。即使是偶發型犯罪，在接受調查的時候，嫌犯也會策略性地推翻自己的陳述以保護自己。

性犯罪

性犯罪屬於典型的計畫型犯罪。大部分性犯罪會發生在親密或熟悉的關係中，嫌犯通常會先反覆採取彬彬有禮的態度[30]。比如與受害人相安無事地獨處、邀請受害者來自己家裡或訪問受害者的家裡，表示自己不是會趁人之危的人，藉此贏得受害者的信任，再趁受害者卸下防備的時候進行犯罪。

近來有許多案例是先在交友軟體上聊天，等到心理上變得親近之後，線下第一次見面就犯下罪行。在這些案例中，犯罪者的手法通常都是在透過聊天迅速拉近距離後，表示自己遠道而來請求對方收留，或是藉口新冠病毒疫情要保持社交距離，不能在公共場合待太久，提議去汽車旅館喝酒。在職場上，如果嫌犯是受害者的主管或生意上的客戶，也會利用自身的影響力逼迫受害者就範。

嫌犯通常會辯稱是受害者誘惑自己，或是受害者沒有積極抵抗，沒有明確表示拒絕。除此之外，他們也會譴責受害者，表示自己是無辜的，認為受害者之所以報案或控告自己，是為了維護自尊心或要求賠償金，因為如果與自己的性關係被發現，受害者在父母、男朋友或丈夫面前就會抬不起頭。

在各種暴力案件中，這是嫌犯最容易感到委屈的一種，在面談的時候也會表現出最多的情感。除此之外，在接受調查後，當事人開始在精神科接受治療的比例最高，聘請律師的比例也是最高。

受害者通常身材矮小，生性膽怯，不太會拒絕別人，也不善於表達自己的意見。這不是在指責受害者有錯，而是證明嫌犯容易計畫性地瞄準「好欺負」的獵物下手。在職場或熟人之間發生的性犯罪中，受害者除了性格以外，在家庭環境、工作環境、社經地位上往往也比較難保護自己。萬一受害者是未成年或身障人士，要保護自己就更難了。如果嫌犯專挑這些相對脆弱的受害者下手，很高的機率有類似的犯罪前科。

僅僅是這樣單純敘述事實，也能從對嫌犯的描寫中看出其惡毒行為；而沒有任何虛構能夠戰勝紀實，如性犯罪般惡毒到超出一般人常識的犯罪行徑也很少見。

家庭暴力、約會暴力

與性犯罪一樣，家庭暴力和約會暴力都是犯罪黑數較多的犯罪行為。犯罪黑數指的是雖然相關犯罪行為實際發生於現實，但是尚未被警察機關登記在案；或是雖然警察機關有所察覺，卻因為沒掌握嫌犯的身分等原因而未能解決，沒有列入官方正式統計的犯罪。

因為是發生在親密的關係中，所以受害者很容易責怪自己，嫌犯也經常利用這一點來犯罪。隨著暴力行為不斷升級，嫌犯有很高的機率會自我合理化這些暴力行為。

有趣的是，當第三方人士介入，並且實際見到受害者時，受害者的真實樣貌與言行經常與嫌犯敘述的有很大的差距。舉例來說，嫌犯或許會聲稱「受害者自以為是又自私」，但是第三方人士看到的受害者，很有可能是一個既有主見又聰明的人，能夠直接表達自己受到的不當對待，嘗試解決問題或擺脫這段關係。

第三方人士因為與雙方都見過面，才得以發現嫌犯對於受害者形象的醜化，但是嫌犯周圍的人並不知情，所以幾乎都會站在嫌犯那邊，一起檢討受害者。

除此之外，在這種犯罪行為中，加害者自始至終都會透過煤氣燈效應操控受害者。他們會利用各種手段進行威脅，逼迫受害者臣服於自己的影響力之下；或許是阻止對方在經濟上獨立，或許是將對方的子女當作人質，甚至利用非法拍攝作為要脅。這是嫌犯最為卑劣且偽善的犯罪行為。

施暴

施暴屬於典型的偶發型犯罪，如果反覆發生則帶有計畫性。起因一般是男性之間喝醉酒後發生爭執，抑或是為了顯示自己的地位或力量。朋友之間即使不至於殺人，也可能在懷有敵意的狀態下大打出手。加害者通常會有意無意地挑選身體和精神上比自己弱小的人當作目標。

最近受害者經常會拿傷害診斷證明書、用身上的手機拍影片，或用附近的監視器影像來證明受到犯罪侵害，很多人會對此辯解說：「我下手才沒有那麼重。」這種情況大部分都是以雙方互毆收場，普遍認為要用拳腳直接對身體造成傷害才算施暴，但是其實對受害者丟東西、抓衣領或推擠對方也成立。因此根據過去的判例，很少會構成正當防衛[31]。

校園暴力與職場霸凌也屬於這個類別。如果將毀損他人財產也視為施暴的一種，有很多情況都是精神折磨與財產毀損兩者混合在一起的廣義施暴。受害者通常會忍耐到被逼入絕境時，才會檢舉或指控對方。

縱火

大部分的縱火行為並非出於有趣好玩，而是為了毀掉其他犯罪的證據或謀取保險金。很多人會認為「凶手一定會在現場」，但實際上如果是為了保險金而縱火，有不少嫌犯既是通報人也是目擊者，因此只要發生火災，時常會對通報人和目擊者進行調查。由於縱火不需要使用到武力，嫌犯是女性的情況也不少見。

搶劫、竊盜

雖然現今在韓國大家都說：「韓國是一個在咖啡廳將筆記型電腦放著去上廁所也不會被偷的國家。」但這是近幾年監視器廣泛普及後才出現的話。在十年前，咖啡廳也和其他場所一樣，放置私人物品後發生竊盜的機率相差無幾。

隨著大型咖啡連鎖企業開始在店內展示商品，順手牽羊的竊盜行為自然也隨之增加。為了防止這種情況發生並且抓到嫌犯，這些企業只好在店裡安裝監視器。在監視器的監控下，咖啡廳裡的竊盜行為大幅減少，但是在監視器死角發生的腳踏車竊盜依然是讓市民和警察頭痛的一大難題。

衣服也是竊盜的目標之一，在更衣室偷偷穿在身上包住或放在背包裡，都是常見的犯罪手法。然而，隨著賣場裡監視器的普及，這樣的竊盜案件也大幅減少。尤其像便利商店常常只有一名店員，沒有監視器的話根本沒辦法經營。

首爾的人口跟過去相比多出不少，加上半夜外出的人數增加，店家也隨之拉長了營業時間，以喝醉或獨自走在偏僻道路上的人為目標搶劫的犯罪行為也減少了很多。

在計程車、地鐵或公車站等場所撿到別人遺失的錢包和手機後，嫌犯會選擇據為己有而不是歸還對方。即使是沒有同樣前科的人，也很容易受到名牌錢包，以及裝在裡面的信用卡和昂貴手機的誘惑，從而犯下錯誤淪為竊盜犯，不只在社會上身敗名裂，還會留下前科。

過去在韓國有些女性會聲稱自己有「生理竊盜癖」的問題，但是最近這種說法幾乎已經不復存在了，因為現在普遍不再將生理期間的竊盜行為視為心理上脆弱的表現。這點或許要歸功於精神醫學的發展及對於精神科治療觀念的進步，有越來越多的人開始尋求精神科的幫助，進而減少了憂鬱症或焦慮所衍生的衝動行為。

就像韓國節目〈世界有奇事〉等出現的案例，在現實生活中，經常會發生一些讓人難以置信的事情。然而，在創作虛構故事時，越是要塑造角色特性，就越是要注意角色經歷的合理性。畢竟憑空想像寫出來的往往不如描述親身經歷來得真實，而敏銳的讀者或觀眾很快就會察覺到這一點。

角色的經歷，尤其是他們遭受的痛苦和挫折，能夠為讀者及觀眾帶來戲劇性的樂趣和代入感。為角色設計適度的痛苦和挫折，並且根據角色特性來「分配」非常重要；讓角色適度吃點苦，往往是劇情推進上不可或缺的要素。

讓角色適度吃點苦的生活壓力應用法

美國心理學家湯瑪斯・荷姆斯（Thomas Holmes）與李察德・拉荷（Richard Rahe）曾經為人們一生中經歷的各種事件進行壓力分數評估，並且製作了一份排名的量表，這份量表可以幫助我們了解人們所經歷的事件種類及其帶來的壓力程度。

他們提出的這份量表，可以計算最近六個月內發生的事件分數（參考第二九四頁），而我們能夠藉此評估故事中角色經歷的創傷，並且量化其痛苦的程度。除此之外，分數還可以表示其罹患疾病的風險，如果想創作一段某個角色在經歷一連串壓力事件後崩潰的劇情，這份量表非常值得參考。

正如預期，配偶或伴侶的離世所帶來的壓力最大，達到滿分一百分。有趣的是，結婚的壓力分數也高達五十分。根據量表，如果一個人的能力在職場上受到肯定，升遷後搬到另一座城市，並且貸款大約一億韓元買新房子，每個月償還貸款和利息，同時獨自努力適應新團隊的主管身分，他的壓力分數會超過一百五十分。

即使這個人看起來一帆風順，但是他罹患疾病的風險比一般人高出了百分之三十五；萬一再遇到量表中前幾名的事件則可能就會崩潰。不需要發生什麼特別戲劇性的事件，光是身為一名成年人在社會上生活累積的壓力，就足以威脅到一個角色的身心健康。

以筆者（這篇文章的「筆者」是俞智賢）的個人經歷為例，寫這本書的六個月前搬家（二十分）、外公過世（六十三分）、母親在健康檢查中被診斷出惡性腫瘤（四十四分）、為了安排母親住院和手術的計畫一整個月都沒睡好（十六分）、為了寫這本書必須特意抽出時間養成寫作的習慣（二十四分），當然最後還有對抗新冠病毒的長期防疫工作（十八分）。這樣綜合評估下來，筆者的壓力分數為一百八十五分，罹患疾病的風險也多了百分之三十五。（後來筆者在校稿時，宿疾的肌肉骨骼不適症惡化了。各位讀者，請務必適時做一下伸展運動！）

接下來讓我們試著檢視這份生活壓力量表，想像故事裡角色的生活樣貌，以及他們會遇到的煩惱和痛苦吧！

心理學家荷姆斯與拉荷的生活事件壓力量表

排名	項目	分數	排名	項目	分數
1	配偶離世	100分	23	兒女離家	29分
2	離婚	73分	24	與姻親之間的問題	29分
3	分居	65分	25	個人優秀的成就	28分
4	入獄	63分	26	配偶開始或停止工作	26分
5	親密家庭成員離世	63分	27	開始或停止學業	26分
6	個人疾病或受傷	53分	28	居住環境的改變	25分
7	結婚	50分	29	個人習慣的矯正	24分
8	遭解僱	47分	30	與主管合不來	23分
9	夫妻破鏡重圓	45分	31	工作時間或條件的改變	20分
10	退休	45分	32	搬家	20分
11	家人健康出狀況	44分	33	轉學	20分
12	懷孕	40分	34	娛樂活動的改變	19分
13	性生活障礙	39分	35	宗教活動的改變	19分
14	家庭成員增加	39分	36	社交活動的改變	18分
15	重新適應新的事業	39分	37	小額（汽車等）貸款	17分
16	財務狀況改變	38分	38	睡眠習慣的改變	16分
17	好友離世	37分	39	同居人數的改變	15分
18	調職及部門異動	36分	40	飲食習慣的改變	15分
19	與配偶爭執的次數改變	35分	41	假期	13分
20	高額（房屋或事業）貸款	31分	42	聖誕節（重要節日）	12分
21	抵押品被查封	30分	43	輕微的違法行為	11分
22	工作職責的變動	29分			

壓力分數的檢測方式

- 將六個月內符合自身情況的項目分數全部加起來。
- 當同一個項目的發生次數超過兩次時，要將分數乘以發生的次數。

0～150分 健康	151～190分 罹患疾病的機率為 35%	191～299分 罹患疾病的機率為 50%	300分以上 罹患疾病的機率為 80%

然而，每個人受到影響的程度不同，因此檢測結果並非絕對。

這個設定已經被用到爛了：了解與描寫經典角色

有些角色或設定雖然很有魅力，而且也是不可或缺，但是因為在創作中太常見，所以往往沒辦法帶給觀眾驚喜的感覺。這種角色的出現，尤其在英雄與反派的「好人 vs. 壞人」關係中特別明顯，就像遵循某種「公式」一樣。如果在塑造角色時選擇打安全牌，完全應用前面提到的人格障礙或文化特性，那麼這些角色及其對立的關係對於觀眾而言就十分熟悉。雖然這並非是不好的選擇，但是如果想為自己的故事增添獨特的魅力，就應該避免套用這樣的公式，試著加入一些原創的變化。如此一來，就像在藥裡放了些甘草一樣，創作出的角色不會顯得老套，反而既經典又帶有新穎的元素。

比犯罪者更像犯罪者的執法者

「與怪物戰鬥的人，應當小心自己不要成為怪物。當你凝視深淵的時候，深淵也在凝視著你。」（出自尼采《善惡的彼岸》一書）

在執法過程中，有些角色會比犯罪者更加惡毒，或在調查時不擇手段，甚至明明怎麼看都是壞人，卻被描寫成執法者。在警匪題材的作品中，這種人物特性歷史悠久，在調查機關裡的對立角色通常就背負著這樣的設定。他們可能是綽號「瘋狗」的刑警、只關心升遷不在乎公平正義的檢察官，或是做出詭異判決的恐龍法官等。

這些角色的存在往往會妨礙解決案件，可能是主角，也可能是反派，抑或是推動故事進展的關鍵人物。他們善於長篇大論地說出對於邪惡行為的精彩詭辯，而且通常會被描寫成具有反社會型人格障礙、自戀型人格障礙、偏執型人格障礙。

「我喜歡這種暴風雨前的寧靜，它讓我想起貝多芬。」[32]

出自電影〈終極追殺令〉（*Léon*）的諾曼・史丹菲爾（蓋瑞・歐德曼飾）

「如果你一味地對別人好，別人就會以為那是理所當然的。」

「寫劇本的檢察官、導演的警察、演戲的贊助商。」
出自韓國電影〈神鬼交易〉的檢察官（柳承範飾）

當主角是刑警或無辜的受害者時，這些執法者有時候會被設定成反派，通常是為主要人物製造衝突，並且在劇情中擔任中間或最終大魔王的角色。他們在故事中實際上可能是主角真正的敵人，也就是所謂的「幕後黑手」，為故事增添反轉的元素。不過要是這樣設計，讀者和觀眾應該很快就會察覺到這一點。如今在某些作品中，「財閥」也作為這類角色的一種變體出現。如果要製造反轉效果，盡量不要選擇一開始就過於強大，或是最容易被讀者和觀眾懷疑的人。

因為悲慘的過去而滿腦子想著復仇的角色

這種角色往往會堅持要找出某個人，並且懲罰或殺死對方，其執念甚至到了瘋狂的程度，隨著劇情的進展逐漸揭開背後的原因。之所以會導致這樣的情況，可能是由於他們經歷了一連串不幸的事件、摯愛的人事物遭到剝奪，或是因為自己的選擇讓一切毀於一旦，所以試圖挽回。

這些設定能讓角色採取的行為或設定的目標看起來更合理，也就是塑造角色的「立體感」。他們不吃不睡，將全部的精力放在復仇上，家裡只有摯愛的遺物或照片，冰箱也空空如也。他們作惡夢，飽受自殺衝動的折磨，當事情似乎即將獲得解決時，才發現一切都要歸咎於自己，而他們也隨著這樣的反轉最終走向毀滅。

「如果想要做到完美的狩獵，就需要更凶狠的獵犬。」

這句話出自韓國連續劇〈壞傢伙們〉中的主角吳九卓（金相中飾）。吳九卓本來是一位慈祥的父親，深愛著他有才華的女兒。為了籌措女兒的留學資金，他答應與歹徒做了非法的交易，結果在這個過程中，女兒被沒有落網的連續殺人犯的手法所殺害。由於僅憑自己的懷疑就對嫌犯李正文（朴海鎮飾）施暴，他遭到了停職處分。最後吳九卓拋棄身為警察的尊嚴，再次選擇非法交易，將李正文送進監獄。除此之外，他還變成一個為了追捕犯人不擇手段的冷血動物，帶著由幾個囚犯組成的「壞傢伙們」投入追捕連續殺人犯的作戰。然而直到最後他才意識到，這一切的痛苦其實都是自己造成。

另一個例子是韓國奇幻小說《喝眼淚的鳥》裡的凱肯・德拉卡。他發誓要對整個名為「那迦」的種族復仇，還要獵殺並吃掉他們。在他所屬的團隊中，有另一個主角倫恩・佩伊是來自那迦，凱肯對那迦的仇恨總是讓倫恩和其他種族的團隊成員感到尷尬，甚至引起瑣碎的衝突，也為故事增添了不少趣味。隨著故事的進行，才發現他對那迦的憎恨其實源自於曾經親眼目睹妻子因為受騙被那迦們活活吃掉。

〈蝙蝠俠〉系列裡的雙面人，本來是充滿正義感的高譚市地方檢察官（高譚檢察長），卻因為意外導致半邊臉被燒傷，顯露出內心的雙面性，成為擲硬幣根據正反面行動的反派。

要想讓這樣的角色成立，就必須不停為其注入燃料，讓他有足夠的動力。因為這類角色通常是為了埋下反轉的伏筆所設計，所以故事的起承轉合得要安排得順暢且有條不紊，才能在關鍵時刻為讀者及觀眾帶來驚喜。換句話說，就是既要出乎預料，但又必須合情合理。畢竟既然埋下了「伏筆」，就勢必要回收，不過也需要提供一個能讓讀者及觀眾點頭的合理解釋，否則只會給人留下「搞什麼呀，還以為會發生什麼事情，結果這樣就沒了嗎？」的印象。

警匪題材作品的智多星？到此為止！警察大學出身的菁英刑警

在韓國，警察大學提供全額學費補助，男性的話可以免除兵役，如果成績夠好的話，還有到海外留學的機會，所以入學競爭非常激烈。因為只有總錄取名額的百分之十分配給女性，所以女性的入學難度更高（最近取消性別限制後，女性錄取率變成了兩倍）。

然而，將警察大學的畢業生冠上「菁英」標籤是一種懶惰的描述，因為大多數的新進警官都是普通大學的畢業生，而且警察單位還有國家公務員特招、律師特招、外文專業特招等各種專業特招的錄取管道。雖然警察大學的畢業生確實相對容易在組織內獲得晉升或升遷，但也不是所有警察大學的畢業生都能夠揚名立萬。

不要再讓她們跑龍套了！女性警察的角色

在警匪題材的作品中，女性警察通常是典型樣板主義（tokenism，刻意提拔或標榜社會少數群體中的一部分作為代表，提倡多元化的政策性措施或慣例，藉此塑造努力改善社會歧視的表象）的角色。因為是警匪題材的作品，警察、檢調單位、法院也都是男多於女的職業類別，所以男性角色會比較多。但是由於受到當今社會風氣的影響，又不得不加入女性角色，因此只能按照標誌性黑人（token black）[33]的形式安排一個角色加入作品裡。因為這些角色大部分都是為了湊數以應付多元化的要求，所以通常會設計成戲份比較少的「熱血女刑警」當作噱頭（gimmick）[34]。

近來，為了吸引女性觀眾，有些作品會將其設計成特別優秀的角色，讓觀眾更容易產生代入感，抑或是成為推動劇情發展的關鍵人物，有時候她們甚至會被設計成遭到綁架的受害者，變成故事中重要的一環。尤其是這些女性過去的故事，以及因此形成的性格與行為模式，在劇情的進行中經常被用來當作襯托或妨礙男性主角的要素。在連續劇〈壞傢伙們〉裡，雖然有吳九卓的同事柳美英警監（強藝元飾）作為萬綠叢中一點紅的女性角色出現，但她在劇中的表現並不突出。即使早在一九九七年，就有以日本女性警察搭擋為主角的漫畫《逮捕令》被翻譯、引進韓國，但是韓國對於女性警察的描寫在這二十年裡並沒有什麼太大的進展。

團隊裡的女性智多星，就只有這樣嗎？

過去女性警察的角色都是配角，或是只會扯男主角的後腿，不過近來這些角色已經發展出了獨立和能幹的形象。然而可惜的是，整部劇中通常只有一個這樣的角色，所以往往會顯得非常呆板。為了強調她們的能力，許多作品會將其設定成警察大學畢業生，抑或是具有海外留學經驗的犯罪側寫師。

> 韓國連續劇〈祕密森林〉中的韓汝珍（裴斗娜飾）是警察大學出身的警衛（韓國警階名稱），也是一位正直堅韌的重案組刑警，幫助感受不到任何情感的檢察官黃始木（曹承佑飾）成長。

作品中常見的女性犯罪側寫師

犯罪側寫師常常被設定為女性，一方面是為了強調女性搜查官的能力，另一方面則是因為警察大學畢業後留學歸來的男性犯罪側寫師顯得太過老套。然而可惜的是，大部分採用這種設定的故事，在與反派的最終對決中，結局往往不是足以說服讀者和觀眾的高水準鬥智，而是以女性和心理病態男性的武力差距作結。女性犯罪側寫師在各種作品中已經很常見了，所以如果想要安排這樣的角色，就必須設計得更有層次感。

> 韓國連續劇〈Voice聲命線〉中的姜權珠（李荷娜飾）是警察大學出身的警衛，因其卓越的聽力，在一一二報案中心擔任主任。她能夠從報案電話中掌握情況，對犯罪者進行犯罪側寫。

女性領導者或組長

在國外的警匪題材作品中，從二十年前就開始嘗試讓女性擔任領導者的設定[35]。當然，這些領導者在故事中的安排比較接近樣板主義的角色，因為她們大部分都是美麗的金髮白人女性！不過在韓國，光是組長是女性就足以讓整部劇顯得很特別，這也反映了韓國警察中女性指揮官的人數非常稀少的事實。

韓國連續劇〈Signal 信號〉的車秀賢（金憓秀飾）、連續劇〈Mrs. Cop〉第一季的首爾地方警察廳重案一組組長崔英珍（金喜愛飾），和第二季的首爾地方警察廳重案一組組長高潤靜（金成鈴飾）、連續劇〈祕密森林〉第二季的警察廳警監韓汝珍（裴斗娜飾）。

女性領袖角色漸漸成為了主流，那麼以女性偵查搭擋為主角的作品又會是什麼樣的內容呢？

在韓國電影〈霹靂嬌鋒〉中為了調查網路犯罪而出動的便民窗口搞怪三劍

客：前刑警朴美英（羅美蘭飾）、她的小姑同樣也是前刑警的趙智慧（李聖經飾），以及實力不亞於駭客的主務官楊薔薇（秀英飾）。

雖然在工作上很能幹，但是個人生活匱乏或無聊的殺手

一個只是為了〇〇目標而存在的角色，必須非常極端才會有趣。電影〈終極追殺令〉中的殺手里昂（尚・雷諾飾）可以說是這類角色的始祖，他身為殺手的能力是世界頂尖的水準，但是在生活的其他方面，他卻遠遠不如普通人，甚至根本沒有個人生活可言。這點就與超人或蜘蛛人在平時被描繪成傻呼呼的普通男性是同樣的道理。

不過在作品中，殺手不會被別人懷疑或被抓。除此之外，生活白痴的特點有時候會成為一個戲劇性的設置，讓殺手在與主角偶然相遇後得到主角的照顧或與其一起生活，最終找到活下去的理由。

改編成動畫的漫畫《SPY×FAMILY間諜家家酒》中的暗殺者，同時也是「黃昏」洛伊德・佛傑的假面妻子約兒・佛傑，除了殺人以外幾乎什麼都不會。她的弟弟尤利・布萊爾對姊姊約兒懷有嚴重的戀姊情結，除了保安工作和拷問以外，

其他方面都非常糟糕。事實上，在假面家庭煮飯和照顧假面女兒安妮亞的工作，幾乎都是由假面丈夫洛伊德・佛傑負責，而約兒除了聽從暗殺組織花園的命令以外，在日常生活與人際關係上表現得十分笨拙。有些讀者甚至還猜測，約兒有可能屬於高功能自閉症光譜。

實戰！你要創造哪種人格類型的角色呢？

到目前為止，我們探討了心理學上不同類型的人在心理和行為上的特質。現在，你可能已經對特定類型的人及其思維、行為有了一些了解。你可能會想到身邊某個符合特定類型的人，甚至可能分析完自己屬於哪一種類型了。看到這裡，我們已經在腦海中設定好了某個角色大概的形象，現在是時候將這個角色帶到現實中，並賦予其生命。

你可以藉由前述探討的人格類型來分析喜歡作品中的主角，以及喜歡或討厭的人，試著自我分析或出於好玩做點人格測驗也是不錯的方式。

在TikTok和YouTube等平台上，有很多影片都在介紹MBTI各種類型的特點。講得有趣、人氣又高的影片，往往都掌握了特定類型的代表性特質，並且藉此獲得觀眾的共鳴。將這些影片內容當作一種學習看完之後，不妨檢視一下影片的製作者是如何描寫這些特質，或是將自己的人格特點寫在下面的角色分析表上試著分析看看。

除了此處作為範例提供的分析表以外，網路上還可以找到各式各樣的角色分析表。你可以隨意瀏覽，挑選自己喜歡的來使用，或是將這些資料當作參考，自行設計一個版本。

<table>
<tr><th>角色</th><th></th><th></th><th></th><th></th><th></th></tr>
<tr><td>名字</td><td rowspan="3">特質</td><td>優點</td><td colspan="3"></td></tr>
<tr><td rowspan="6">照片或
設計圖</td><td>缺點</td><td colspan="3"></td></tr>
<tr><td>喜好</td><td colspan="3"></td></tr>
<tr><td>職業</td><td colspan="2"></td><td>社會定位</td><td></td></tr>
<tr><td>目前狀態</td><td colspan="4"></td></tr>
<tr><td>人際關係</td><td colspan="4"></td></tr>
<tr><td>招牌台詞</td><td colspan="4"></td></tr>
<tr><td>人格類型
防禦機制</td><td colspan="5"></td></tr>
<tr><td>目前的
主要動機</td><td colspan="5"></td></tr>
<tr><td>目前
在做的事情</td><td colspan="5"></td></tr>
</table>

首先決定主角人物的特質吧

這個角色是哪種類型的人物？他如何看待自己？喜歡或討厭什麼？可能跟什麼樣的人有所牽扯？在此主角的對立面、同事、伴侶、助手和其他人物也會隨之確定下來。

主角在人生中被迫面臨什麼樣的抉擇，或是站在人生岔路時會傾向往哪一個方向？這將決定作品大概的框架。

如果將主角設定成沒有良心、無情利用他人的性格，可以參考反社會型人格障礙（參考第四十七頁）或自戀型人格障礙（參考第七十一頁）等。除此之外，也可以進一步設定被主角利用的角色的人格類型。舉例來說，依賴型人格障礙（參考第一二三頁）的人就很容易成為被利用的對象，或是有些人雖然被主角利用，但是他們自己並沒有意識（例如類思覺失調型人格、迴避型人格等），都是可能存在的人格類型。

如此一來，就有兩個人以上的劇情大綱設計好了。非常簡單吧？

<table>
<tr><th>角色</th><th></th><th></th><th></th><th></th></tr>
<tr><td>鴨子
（自稱 Mr. Duck）</td><td rowspan="3">特質</td><td>優點</td><td colspan="2">可愛</td></tr>
<tr><td rowspan="6"></td><td>缺點</td><td colspan="2">講話尖酸刻薄</td></tr>
<tr><td>喜好</td><td colspan="2">泡熱呼呼的澡、吃肉</td></tr>
<tr><td>職業</td><td>沐浴小幫手</td><td>社會定位</td><td>會被誤認為
兒童玩具</td></tr>
<tr><td>目前狀態</td><td colspan="3">原本是主角的沐浴玩具，
卻突然被賦予了生命，與主角同居中。
（雖然在另一個世界裡是王子，
但是因為靈魂跑進了鴨子玩具裡，
所以現在十分生氣。）</td></tr>
<tr><td>人際關係</td><td colspan="3">主角</td></tr>
<tr><td>招牌台詞</td><td colspan="3">「大笨蛋！」
「加點 2 份生拌牛肉。」</td></tr>
<tr><td>人格類型
防禦機制</td><td colspan="4">自戀型人格
反社會型人格
否認、投射</td></tr>
<tr><td>目前的
主要動機</td><td colspan="4">尋找另一個世界的鑰匙以返回自己的世界</td></tr>
<tr><td>目前
在做的事情</td><td colspan="4">把主角當作谷歌搜尋引擎來使喚</td></tr>
</table>

主角或許本來是沒什麼特色的路人甲，但是在某個獨特的角色登場後，就打破了他平凡又無聊的日常生活。這個獨特的角色進入主角的生活，創造了戲劇性的故事效果。因為他們是完全不同世界的存在，所以思維體系和行為模式都不盡相同，我們可以利用這一點製造兩者之間的衝突，從而展開故事創作。

根據腦海中浮現的形象，賦予角色性別、名字、外型與個人經歷

我們已經在前面探討了心理學上的各種類型，如果能夠以此為基礎推測角色的性格與行為會產生的結果，就能創造出屬於他們獨特的人生故事。

讓角色之間相互作用觸發各種事件

事實上，比起角色設定本身，角色之間「合理的相互作用」或許才是創作故事和賦予趣味最關鍵的重點。這個角色為什麼會說這樣的話？為什麼會採取這樣的行動？為什麼會與其他角色建立這樣的關係？我們已經探討了每一種人格類型、防禦機制、年齡和環境等因素對於人們言行的影響，接下來就讓我們試著將這些公式應用在主角及其周邊人物身上

吧！首先讓他們之間產生交集，並按照各自特質行動，確保他們的互動足以說服讀者與觀眾。

<table>
<tr><th>角色</th><th></th><th></th><th></th><th></th></tr>
<tr><td>主角的妹妹</td><td rowspan="3">特質</td><td>優點</td><td colspan="2">理性</td></tr>
<tr><td rowspan="7">（請試著描繪出腦海中浮現的形象吧。）</td><td>缺點</td><td colspan="2">過度熱衷於可愛的東西</td></tr>
<tr><td>喜好</td><td colspan="2">可愛的娃娃</td></tr>
<tr><td>職業</td><td>研究員</td><td>社會定位</td><td>表面上看起來正常的職業婦女</td></tr>
<tr><td>目前狀態</td><td colspan="3">到主角家裡玩時，看到 Mr. Duck 後便被他的可愛深深吸引住。</td></tr>
<tr><td>人際關係</td><td colspan="3">主角、Mr. Duck</td></tr>
<tr><td>招牌台詞</td><td colspan="3">「還好。」
「（發自內心的尖叫）好、可、愛！」</td></tr>
<tr><td colspan="4" style="display:none"></td></tr>
<tr><td>人格類型
防禦機制</td><td colspan="4">（請試著將空格填滿吧。）</td></tr>
<tr><td>目前的
主要動機</td><td colspan="4">（請試著將空格填滿吧。）</td></tr>
<tr><td>目前
在做的事情</td><td colspan="4">（請試著將空格填滿吧。）</td></tr>
</table>

讓一個事件的發生觸發下一個事件

在讓角色之間產生交集並且相互作用之後，下一步應該怎麼做才好呢？只要讓這些互動觸發不同的事件或與其他角色相遇，故事就能夠自然而然地發展下去。

最好避免使用「但是」、「突然」、「其實」等詞彙開頭的小插曲。如果在劇情陷入膠著的時候，總是使用「天降神兵」（deus ex machina，為了讓戲劇或小說中難以突破的困境得以收拾而突然出現的力量或事件）的手法來解決，就會破壞整體故事的流暢度，讓角色的動機或行為顯得生硬和不自然。如果一個故事沒辦法回答讀者和觀眾的「為什麼？」、「怎麼會這樣？」等問題，很快就會讓讀者和觀眾失去興趣。如果想要學習怎麼緊扣主題推進劇情，《現在就動手寫！科幻、奇幻與恐怖小說》（*Now Write! Science Fiction, Fantasy and Horror*）一書會是很好的參考。

無論是主角還是配角，角色內心的黑暗面往往能為敘事增添深度與豐富性。

注

1 《DSM-5精神疾病診斷與統計手冊第五版》，APA，學知社

2 雙極性情感疾患（躁鬱症）是情緒病症的一種，特點是躁症和憂鬱症會交替發作。一般來說，躁症指的是心情極度高漲，就像「感覺自己在飛」一樣。當躁症發作時，患者可能會做出爬樹等危險的行為，或是衝動地表達愛意、開始嘗試全新的事物，表現出興致勃勃的樣子。當躁期結束進入鬱期後，患者又會表現得無精打采，內心陷入痛苦。

3 妄想指的是毫無根據的荒唐信念，是思覺失調症最典型的症狀之一，通常還會伴隨著幻覺。常見的妄想類型包括：關係妄想（認為周圍發生的事情都與自己有關，並且賦予其特殊的意義）、被害妄想（總是覺得有人在監視或操控自己）、自大型妄想（認為自己擁有過人的能力、是救世主）、宗教妄想（覺得自己受到了神的啟示）。妄想的特點在於很難透過合理的說服或爭論來改變。（參考首爾峨山醫院網站疾病百科「思覺失調症」：https://www.amc.seoul.kr/asan/healthinfo/ disease/diseaseDetail.do?contentId=31578）

4 《DSM-5臨床個案實戰手冊》，〈18.2 怪異的離群索居〉，學知社，P・461

5 《DSM-5精神疾病診斷與統計手冊第五版》，301. 20，學知社，P・712

6 《DSM-5臨床個案實戰手冊》，〈18.2 怪異的離群索居〉，學知社，P・461

7 《DSM-5精神疾病診斷與統計手冊第五版》，301. 20，學知社，P・713

8 《DSM-5變態心理學（*Essential of Abnormal Psychology*，第七版）》社會評論出版，P・462

9 韓國國內研究團隊首次探究電影〈計程車司機〉中的人格障礙（2016.1.21.），韓國聯合通訊社，https://www.yna.co.kr/view/AKR20160121140300004

10 〈思覺失調人格障礙：「世界有奇事」節目參加者的奇異之處〉（2020.11.21.），許智元（高麗大學心理學系教授），我人生的心理學mind，http://www.mind-journal.com/news/articleView.html?idxno=1101

11 《DSM-5臨床個案實戰手冊》，學知社，P・479

12 這是電影〈巴黎野玫瑰〉中的一段台詞。

13 佛洛伊德將驅使人類的強烈本能分為「生存本能」與「死亡本能」。生存本能代表創造和求生的本能，死亡本能則代表破壞和毀滅的本能。佛洛伊德認為人類身上同時存在生存本能與死亡本能。

14 《DSM-5臨床個案實戰手冊》，學知社，P・474

15 〈「我的內心怎麼會這樣呢？」「邊緣人」的痛苦。迴避型人格的進化〉（2018.8.12.），朴漢善（精神醫學科專科醫師），東亞科學，https://www.dongascience.com/news.php?idx=23382

16 《成功的生活心理學》（*Adaptation to Life*）喬治・華倫特（George E. Vaillant）著，韓成烈譯，羅南出版社，P・131

17 研究原名為「哈佛大學長期追蹤式研究」（Harvard Longitudinal Study），第二年更名為「哈佛大學格蘭特社會適應研究」（Harvard Grant Study of Social Adjustments）後，一九四七年則改稱為目前官方認可的正式名稱「哈佛大學成人發展研究」（Harvard Study of Adult Development）。然而，研究人員、參與者和早期的出版物都稱其為「格蘭特研究」。這項研究的目的是超越一九三八年當時醫學界對病理學的成見，了解人最佳的健康狀態、決定性的潛在因素，以及增強這種狀態與潛在因素的條件。研究最初的對象是經過嚴格挑選的六十四位二年級男學生，他們分別於一九三九年、一九四〇年和一九四一年從哈佛大學畢業，後來一九四二年、一九四三年、一九四四年的畢業生也參與其中，最終產生了一組兩百六十八位的世代（cohort，參與這類型研究的研究對象群體），並且一直持續追蹤到二〇二二年。

18 《成功的生活心理學》（*Adaptation to Life*）喬治・華倫特（George E. Vaillant）著，韓成烈譯，羅南出版社，P・350

19 同上書，P・557

20 信度表示一個測驗有多「準確」地檢測其所要檢測的項目，效度則表示一個測驗有多忠實地反映其所要測定的「內容」。不僅是人格測驗，所有心理學研究都必須具備高於標準的信度和效度。

21 〈解離性障礙，比連續劇更戲劇化的現實陰影〉（2015.10.31.），韓國日報，https://www.hankookilbo.com/News/Read/201510312246767590

22 孟喬森症候群與代理型孟喬森症候群

23 〈解離性障礙，比連續劇更戲劇化的現實陰影〉（2015.10.31.），韓國日報，https://www.hankookilbo.com/News/Read/201510312246767590

24 感官剝奪艙（sensory deprivation tank, isolation tank, float tank, flotation tank, sensory attenuation tank）裡會填充與皮膚相同溫度的鹽水，可以讓人在裡面漂浮，同時隔絕光和聲音，剝奪視覺、聽覺、觸覺等感官。雖然有的人聲稱待在艙內能夠完全放鬆所有的感官，甚至得到治癒或靈性的思維，但是也有很多人會產生幻覺和幻聽。

25 維基百科「亞斯伯格症候群」，https://ko.wikipedia.org/w/index.php?title=%EC%95%84%EC%8A%A4%ED%8D%BC%EA%B1%B0_%EC%A6%9D%ED%9B%84%EA%B5%B0&oldid=30224907

26 維基百科「LGBT迴轉治療」，https://ko.

wikipedia.org/w/index.php?title=%EC%A0%84%ED%99%98_%EC%B9%98%EB%A3%8C&oldid=30103236

27 二〇〇一年，日本刑法將觸法少年的年齡下限從十六歲調整為十四歲。

28 這種剝削性師徒關係的健康版本可參考〈人骨拼圖〉（*The Bone Collector*）的犯罪心理學家林肯・萊姆（丹佐・華盛頓飾）和艾米莉亞・多納吉（安潔莉娜・裘莉飾）巡警。在經典的偵查搭擋作品中，通常會以性感派、行動派的偵探作為搭配；但〈人骨拼圖〉中萊姆與多納吉是以男和女、黑人與白人、身障者與非身障者、行動受限的安樂椅型頭腦派偵探（因為癱瘓躺在床上）與菜鳥行動派警察的新鮮組合，展現與傳統男男刑警搭擋作品的不同之處。

29 電影中克麗絲與萊克特博士在交換文件時，萊克特博士用他的一根手指輕輕撫摸克麗絲的手指，有許多觀眾認為這一幕帶有相當強烈的性暗示。

30 「登門檻效應」（foot-in-the-door technique）指的是一種先讓對方答應一個小請求，再提出更大請求的方法。美國社會心理學家弗里德曼（Freedman）和傅雷澤（Fraser）在一九六六年進行的實驗就是代表性的例子。研究人員喬裝成安全駕駛委員會的志工，逐一拜訪某個社區的家庭主婦們，請求對方在要送到國會的安全駕駛請願書上簽名（小請求）。因為這無傷大雅，又是對社會有益的事情，所以大部分的人都爽快地簽了名。幾週後，另一組實驗人員再度拜訪這些簽了名的家庭主婦們，請對方在家門口設置又龐大又醜陋、寫有「安全駕駛」字樣的告示牌（大請求），結果有百分之五十五的人都答應了。然而，當他們向其他沒有被要求過簽名的一批新的家庭主婦們提出這個請求時，只有百分之十七的人同意設置。

31 春川地方法院原州分院2014.8.13.宣告２０１４一審刑事單獨審理４４４判決，「屋主用曬衣竿和身上的皮帶多次擊打夜間闖入住宅偷竊的小偷，造成小偷創傷性硬腦膜下腔出血等傷害，導致對方最終變成植物人的事件」，法曹新聞，http://news.koreanbar.or.kr/news/articleView.html?idxno=11842

32 蓋瑞・歐德曼（Gary Oldman）曾經在貝多芬的傳記電影〈永恆的愛人〉（*Immortal Beloved*）中飾演貝多芬，所以這是一個演員彩蛋。

33 在好萊塢電影中，經常會在一群白人角色中加入一個黑人配角，以迴避種族歧視的問題，這種做法就被稱為標誌性黑人。在卡通〈南方公園〉（*South Park*）裡，甚至有一個角色的名字就叫「陶侃・黑」（觀眾原先以為其名就是Token Black，直到第二十五季才正名為Tolkien Black），他身上集合了所有關於黑人的刻板印象。

34 足以吸引大眾目光的戰略性特色。

35 在韓國掀起法醫學題材作品旋風的〈CSI犯罪現場〉（*CSI: Crime Scene Investigation*）中，凱薩琳・韋羅斯（瑪格・海根柏格飾）擔任夜班主管。〈律政俏主婦〉（*Close To Home*）中的安娜貝斯・雀斯（珍妮佛・芬尼根飾）是個充滿正義感的檢察官，她在產假結束後重返工作崗位。〈法網遊龍：特案組〉（*Law & Order: Special Victims Unit*）中原本是警探的奧麗薇亞・班森（瑪莉絲卡・哈吉塔飾），隨著劇情的發展，在第十五季終於從代理組長晉升為組長！〈結案高手〉（*The Closer*）中的布蘭達・李・強森（凱拉・塞吉薇克飾）雖然操著南方口音，帶著土氣單肩包，嗜甜成癮又情緒化，但是她總是能將鎖定的犯罪者定罪。筆者（俞智賢）個人非常喜歡布蘭達在心理上逼迫犯人招供的方式。在〈結案高手〉裡，與布蘭達在工作和性格上處於對立面的莎倫・雷德（瑪麗・麥唐納飾）在第七季改名為〈重案組〉（*Major Crimes*）後成為了新的主角。為了達成目標，兩個角色同樣都會不服輸地勇往直前，並且激勵團隊裡的成員。

國家圖書館出版品預行編目（CIP）資料

問題角色剖析全書：創作者必知的人格光譜 × 犯罪心理 × 精神疾患/韓民, 朴聖美, 兪智賢著；李煥然譯. -- 初版. -- 臺北市：臺灣東販股份有限公司, 2024.08
320面；14.8×21公分
譯自：문제적 캐릭터 심리 사전
ISBN 978-626-379-474-0（平裝）

1.CST: 精神分析 2.CST: 人格特質 3.CST: 人格心理學

173.75　113008879

問題角色剖析全書
創作者必知的人格光譜 × 犯罪心理 × 精神疾患

2024年8月1日初版第一刷發行

著　　者　韓民、朴聖美、兪智賢
譯　　者　李煥然
編　　輯　黃筠婷
特約編輯　曾羽辰
美術設計　黃瀞瑢
發 行 人　若森稔雄
發 行 所　台灣東販股份有限公司
　　　　　＜地址＞台北市南京東路4段130號2F-1
　　　　　＜電話＞(02) 2577-8878
　　　　　＜傳真＞(02) 2577-8896
　　　　　＜網址＞ https://www.tohan.com.tw
郵撥帳號　1405049-4
法律顧問　蕭雄淋律師
總 經 銷　聯合發行股份有限公司
　　　　　＜電話＞(02) 2917-8022

TOHAN